NOUVEAU BREVET

Compil

Épreuve écrite 1

Mathématiques
Stéphane Renouf

Physique-Chimie
Sandrine Blondy
Benoît Lasperas

SVT
Valérie Barrière-Guesné

Technologie
Louis Terroux
Nicolas Derache

MAGNARD

Édition : Florence Mayran de Chamisso (partie mathématiques) ; Julie Morand (partie physique-chimie, SVT, technologie) ; **Conception graphique** : Muriel Ouziane ; **Cartographie** : Gwendal Fossois, Valérie Goncalves, Christel Parolini ; **Crédits photographiques** : **p. 124** : © Fotolia.com ; **p. 125, 126** : © Fotolia.com ; **p. 134** : © Fotolia.com ; **p. 150** : © Fotolia.com ; **p. 210** : Fotolia.com ; **p. 212** : © www.a4.fr ; **Mise en pages** : Nord Compo.

5, allée de la 2e DB - 75015 PARIS
www.magnard.fr
www.specialbrevet.magnard.fr

Achevé d'imprimer en France par Loire Offset Titoulet à Saint-Etienne
Dépôt légal : juin 2016 - N° éditeur : 2016_1204

Sommaire

Description de l'épreuve

Le nouveau Brevet

Le nouveau Brevet comprend, outre le contrôle continu, **deux épreuves écrites** (la première regroupant mathématiques, physique-chimie, SVT et technologie ; la seconde regroupant français et histoire-géographie-enseignement moral et civique) et **une épreuve orale**.

Modalités de la première épreuve écrite : mathématiques, physique-chimie, sciences de la vie et de la Terre et technologie

- L'épreuve a une durée de 3 heures et est notée sur 100 points. Elle se compose de deux parties.
- La première partie *(2 heures ; 50 points)* porte sur le programme de **mathématiques**. Elle permet l'évaluation de la maîtrise des compétences *chercher, modéliser, représenter, raisonner, calculer* et *communiquer* au programme de mathématiques du cycle 4.
- La seconde partie *(1 heure ; 50 points)* porte sur les programmes de **physique-chimie**, **SVT** ou **technologie**. Le sujet se compose, pour chaque discipline, d'un ou plusieurs exercices de 30 minutes, répartis entre **deux disciplines**.
- Il existe donc **trois combinaisons possibles** pour cette épreuve :
  – mathématiques + physique-chimie + SVT ;
  – mathématiques + physique-chimie + technologie ;
  – mathématiques + SVT + technologie.
- Le sujet de cette première épreuve écrite comporte obligatoirement au moins un exercice d'**algorithmique** ou de **programmation**.

Maths

Sommaire

Nombres et calculs

Organisation et gestion de données – Fonctions

Grandeurs et mesures

Espace et géométrie

Algorithmique et programmation

ANNEXES

Arithmétique

FICHE 1

1 Division euclidienne

- Soit a et b deux nombres entiers naturels avec $b \neq 0$. Effectuer la **division euclidienne** de a par b, c'est trouver deux entiers naturels q et r tels que $a = bq + r$ avec $0 \leqslant r < b$: q est le quotient entier et r est le reste.

Exemple : La division euclidienne de 17 par 5 donne
$17 = 5 \times 3 + 2$ avec $0 \leqslant 2 < 3$.
Le quotient entier vaut 3 et le reste 2.

- Lorsque le reste vaut 0, on a alors $a = bq$. On dit que b est un **diviseur** de a, que a est un **multiple** de b ou que a est **divisible** par b.

Exemple : $15 = 5 \times 3$.
5 et 3 sont des diviseurs de 15.
15 est un multiple de 5 et de 3.

À retenir

Il ne faut pas confondre division euclidienne et décimale.
Le quotient et le reste doivent être entiers.

2 Nombres premiers

a. Définition

Un nombre est premier s'il admet exactement **deux diviseurs distincts : 1 et lui-même**.

Exemple : les 5 premiers nombres premiers sont donc : 2, 3, 5, 7 et 11.

b. Théorème fondamental

- Tout nombre entier, supérieur ou égal à 2, peut se décomposer de manière unique en un produit de nombres premiers.

À retenir

Tout facteur de ce produit de nombres premiers est alors un diviseur du nombre.

- Remarque : Pour déterminer une telle décomposition, il faudra appliquer à la chaîne les critères de divisibilité et les connaissances sur les tables de multiplication.

c. Critères de divisibilité

- Par 2 : un nombre entier est **divisible par 2** s'il se termine par **0, 2, 4, 6 ou 8**.

- Par 3 : un nombre entier est **divisible par 3**, si **la somme des chiffres qui le constituent est un multiple de 3**.
- Par 5 : un nombre entier est **divisible par 5** s'il se termine par **0 ou 5**.
- Par 10 : un nombre entier est **divisible par 10** s'il se termine par **0**.

d. Exemple de décomposition en facteurs premiers

Exemple : On va décomposer 180 en produit de facteurs premiers.
180 se termine par 0, il est divisible par 2. $180 \div 2 = 90$.
90 se termine par 0, il est divisible par 2. $90 \div 2 = 45$.
45 se termine par 5, il est divisible par 5. $45 \div 5 = 9$.
9 est dans la table 3. $9 \div 3 = 3$ qui est un nombre premier.
On obtient donc $180 = 2^2 \times 3^2 \times 5$.

3 Fractions irréductibles

- Une fraction est dite **irréductible** lorsque le numérateur et le dénominateur ont comme **seul diviseur commun le nombre 1**.
- Remarque : cela signifie qu'on ne peut pas simplifier plus la fraction.

Exemple : $\frac{15}{16}$ est irréductible, en effet on décompose 15 et 16 en produit de facteurs premiers.

$$15 = 3 \times 5 \text{ et } 16 = 2 \times 8 = 2 \times 2 \times 4 = 2 \times 2 \times 2 \times 2 = 2^4$$

Le seul diviseur commun à 15 et à 16 est 1, la fraction est donc irréductible.

À retenir

$2 \times 2 \times 2 \times 2$ est noté 2^4.
C'est le produit de 4 facteurs égaux à 2.

Comprendre et utiliser les notions de divisibilité et de nombres premiers

Sujet (extrait DNB centres étrangers, juin 2014)

La fraction $\frac{216}{126}$ est-elle irréductible ? Si ce n'est pas le cas, la rendre irréductible en détaillant les étapes.

Avant de commencer

- Se rappeler la définition d'une fraction irréductible.
- Utiliser les **critères de divisibilité** pour décomposer en facteurs premiers.

Utilisez les critères de divisibilité par 2 :

Le numérateur et le dénominateur sont des entiers se terminant par 0, 2, 4, 6 ou 8 et sont donc divisibles par 2. Ils ne sont donc pas premiers entre eux, la fraction n'est pas irréductible.

Décomposez le numérateur et le dénominateur en produits de facteurs premiers :

216 se termine par 6,
$216 = 2 \times 108$
108 se termine par 8,
$108 = 2 \times 54$
54 se termine par 4, donc $54 = 2 \times 27$
Pour 27 : $2 + 7 = 9$ dans la table de 3, d'où $27 = 3 \times 9$
9 est dans la table de 3 : $9 = 3^2$
Donc $216 = 2^3 \times 3^3$

126 se termine par 6,
$126 = 2 \times 63$
Pour 63, on a $6 + 3 = 9$ qui est dans la table de 3, d'où $63 = 3 \times 21$
Pour 21 : $2 + 1 = 3$ dans la table de 3, d'où $21 = 3 \times 7$
Donc $126 = 2 \times 3^2 \times 7$

On a donc $\frac{216}{126} = \frac{2^3 \times 3^3}{2 \times 3^2 \times 7} = \frac{12}{7}$ qui est donc irréductible.

Sujet (d'après DNB Amérique du Nord, juin 2013)

Noa veut répartir la totalité de 110 dragées au chocolat et 176 dragées aux amandes dans des sachets ayant la même répartition de dragées au chocolat et aux amandes.

1. Peut-elle réaliser 16 sachets ? Justifier.
2. Quelles sont les différentes possibilités de Noa ?

Avant de commencer

- Savoir effectuer une division euclidienne.
- Décomposer en facteurs premiers et utiliser la notion de diviseur commun.

→ Utilisez la division euclidienne :

$110 = 6 \times 16 + 14$ avec $14 < 16$, il reste 14 dragées au chocolat.
$176 = 16 \times 11 + 0$ avec $0 < 16$, il reste 0 dragées aux amandes.
Il reste 14 dragées. On ne peut pas faire 16 sachets.

→ Décomposez en produits de facteurs premiers :

110 se termine par 0, d'où $110 = 2 \times 55$.
55 se termine par 5, d'où $55 = 5 \times 11$
11 est un nombre premier.
Donc $110 = 2 \times 5 \times 11$

176 se termine par 6, d'où $176 = 2 \times 88$
88 se termine par 8, d'où $88 = 2 \times 44$
44 se termine par 4, d'où $44 = 2 \times 22$
22 se termine par 2, d'où $22 = 2 \times 11$
11 est un nombre premier.
Donc $176 = 2^4 \times 11$

→ Utilisez la notion de diviseur commun à 110 et à 176 :

D'après ce qui précède, 1, 2, 11 et 22 divisent 110 et 176.

→ Concluez :

Les possibilités de Noa sont donc :
– 1 sachet de 110 dragées au chocolat et 176 aux amandes.
– 2 sachets de 55 dragées au chocolat et 88 aux amandes.
– 11 sachets avec 10 dragées au chocolat et 16 aux amandes.
– 22 sachets avec 5 dragées au chocolat et 8 aux amandes.

Nombres décimaux et relatifs

FICHE 3

1 Les nombres décimaux et relatifs

• Un nombre **décimal** est un nombre à virgule ayant un **nombre fini de chiffres après la virgule**.

Exemples : 3,1 est un décimal. 4 aussi car 4 = 4,0.

• Un nombre **relatif** est formé d'un nombre sans signe appelé **distance à zéro** précédé d'un **signe + ou –** :
– si c'est « + », le nombre est dit **positif** ;
– si c'est « – », le nombre est dit **négatif**.

Exemples : +5 = 5 est un nombre relatif. –8,3 aussi.

> **À retenir**
> Lorsque le nombre est positif, on enlève le signe +.

• Représentation des nombres relatifs sur une droite graduée :

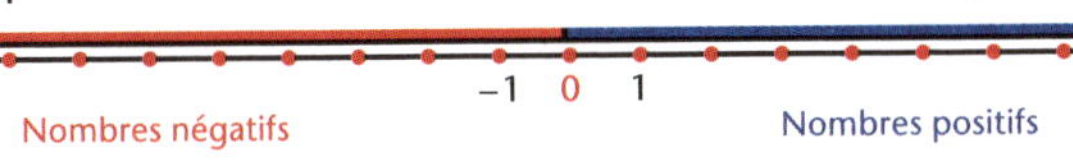

2 Opérations

a. Opposés

Deux nombres ayant la **même distance à zéro et un signe différent** sont dits **opposés**.

> **À retenir**
> 0 est le seul nombre égal à son opposé.

Exemple : 3,5 et –3,5 sont des nombres opposés.

b. Additions et soustractions

• Pour additionner deux nombres relatifs ayant :

Un même signe :	Des signes différents :
– on garde **le signe commun** ;	– on garde le signe de celui qui a **la plus grande distance à zéro** ;
– on additionne les distances à zéro.	– on effectue « plus grande distance à zéro – plus petite distance à zéro. »
(–2) + (–5) = –(2 + 5) = –7 (+6) + (+8) = +(6 + 8) = +14	(–3) + (+5) = +(5 – 3) = +2 (–8) + (+7) = –(8 – 7) = –1

• Soustraire un nombre c'est ajouter son opposé.

Exemple : (–3) – (–2) = (–3) + (+2) = –3 + 2 = –1

c. Multiplications et divisions

• Pour multiplier deux relatifs, on **multiplie les distances à zéro** et on applique **la règle des signes** :
– le produit de deux relatifs de **même signe est positif**
– le produit de deux relatifs de **signes contraires est négatif**.

Exemples : (–5) × (–8) = +5 × 8 = +40
(–3) × (+4) = –12

À retenir

On peut résumer en :
« + × + = + »
« – × – = + »
« + × – = – × + = – »

• Remarque : pour le cas de produits de nombres entiers relatifs, le calcul mental fait gagner du temps.

• Pour diviser un relatif par un relatif non nul, on **divise les distances à zéro** et on applique **la règle des signes du produit**.

Exemples : (–3) ÷ 8 = –3 ÷ 8 = –0,375 et (–5) ÷ (–2) = +5 ÷ 2 = 2,5

d. Simplifications d'écritures

• On **transforme les soustractions** en additions.
On **omet les + de l'addition** et **les parenthèses** autour des nombres.
On **supprime le +** au début de calcul.

A = (+3) – (+10) + (–2)
= (+3) + (–10) + (–2)
= +3 – 10 – 2
= 3 – 10 – 2
= –7 – 2 = –9

• Attention : les multiplications et les divisions sont prioritaires sur les additions et les soustractions.

B = (–3) × (–5) + 2
= (+15) + 2
= +15 + 2 = 15 + 2 = 17

3 Ordre de grandeur

L'ordre de grandeur d'un nombre est **une valeur approchée simple** de ce nombre. On l'obtient le plus souvent par le calcul mental et il permet de **vérifier la cohérence du calcul**.

Exemple : un ordre de grandeur de 75,225 + 15 est 75 + 15 = 90.

Nombres rationnels et fractions

FICHE 4

1 Nombres rationnels, fractions décimales et irréductibles

- Un nombre est dit **rationnel** s'il peut s'écrire comme **le quotient de deux nombres entiers relatifs**.
- Une fraction **décimale** est une fraction dont le **dénominateur est 10**, **100**, **1 000**, etc.
- Une fraction est dite **irréductible** si elle **ne peut être réduite**, c'est-à-dire si l'on ne peut pas simplifier le numérateur et le dénominateur par un même nombre.

2 Additions, soustractions

Pour **additionner** ou **soustraire** des fractions, il faut qu'elles aient un **même dénominateur**. On a alors, pour tous nombres réels a, b et c avec $c \neq 0$: $\frac{a}{c}+\frac{b}{c}=\frac{a+b}{c}$.

Exemple 1 : Calcul de $A=\frac{5}{3}+\frac{8}{3}$.

Pour A, on repère que les deux fractions ont le même dénominateur. On a alors : $A=\frac{5+8}{3}=\frac{13}{3}$.

Exemple 2 : Calcul de $B=\frac{3}{5}-\frac{2}{3}$.

Pour B, on repère que les deux fractions ont un dénominateur différent. On cherche alors un dénominateur commun, c'est-à-dire un nombre non nul multiple de 5 et de 3. 15 est un candidat possible. On a alors :

$$B=\frac{3\times 3}{5\times 3}-\frac{2\times 5}{3\times 5}=\frac{9}{15}-\frac{10}{15}=-\frac{1}{15}.$$

À retenir

Pour tous nombres réels a, b, k avec $b \neq 0$ et $k \neq 0$: $\frac{a}{b}=\frac{a\times k}{b\times k}$.

3 Multiplications

À retenir

Il faut toujours donner les résultats sous une forme irréductible (simplifiée au maximum).

Pour **multiplier** deux fractions entre elles, on multiplie les numérateurs entre eux et les dénominateurs entre eux. Avec b et $d \neq 0$: $\frac{a}{b} \times \frac{c}{d} = \frac{a \times c}{b \times d}$.

Exemple : $-\frac{5}{7} \times \frac{3}{-10} = \frac{-5 \times 3}{7 \times (-10)} = \frac{-15}{-70} = \frac{3 \times 5}{14 \times 5} = \frac{3}{14}$.

4 Divisions

Diviser, c'est multiplier par l'inverse. Pour tous nombres réels a, b, c, d avec $b \neq 0$, $c \neq 0$ et $d \neq 0$: $\frac{a}{b} \div \frac{c}{d} = \frac{a \times d}{b \times c}$ ou encore $\frac{\frac{a}{b}}{\frac{c}{d}} = \frac{a \times d}{b \times c}$.

Exemple : $\frac{3}{4} \div \frac{5}{7} = \frac{3 \times 7}{4 \times 5} = \frac{21}{20}$.

À retenir

Pour tous nombres réels a et b avec $b \neq 0$, l'inverse de $\frac{a}{b}$ est $\frac{b}{a}$.

5 Priorités opératoires

- On commence par **effectuer les calculs dans les parenthèses** les plus intérieures. À l'intérieur de celles-ci, **multiplications et divisions sont prioritaires** sur les additions et les soustractions.
- S'il n'y a que des additions et des soustractions, ou alors que des multiplications et des divisions, on effectue les calculs de **gauche à droite**.

Exemple : Calcul de $A = \frac{3}{4} - \frac{3}{4} \times \frac{5}{6}$.

A ne comporte pas de parenthèses ; on repère une multiplication, on doit donc commencer par elle !

On a alors : $A = \frac{3}{4} - \frac{3 \times 5}{4 \times 6} = \frac{3}{4} - \frac{3 \times 5}{4 \times 2 \times 3} = \frac{3}{4} - \frac{5}{8}$.

Pour effectuer le calcul, on doit mettre les deux fractions sous un même dénominateur, ici 8 convient.

D'où : $A = \frac{3 \times 2}{4 \times 2} - \frac{5}{8} = \frac{6}{8} - \frac{5}{8} = \frac{1}{8}$.

Exercices commentés pas à pas

Calculer avec des fractions

Sujet (d'après DNB, 2010)

1. Calculez $A = \frac{6}{5} - \frac{17}{14} \div \frac{5}{7}$.

2. Calculez $B = \frac{3}{4} - \frac{2}{3} \div \frac{8}{15}$.

Avant de commencer

- Penser aux priorités opératoires : **les divisions sont prioritaires sur les additions et soustractions.**
- Transformer la division en une multiplication.
- Utilisez la définition d'**une fraction irréductible.**

Calculez A :

$A = \frac{6}{5} - \frac{17}{14} \div \frac{5}{7} = \frac{6}{5} - \frac{17}{14} \times \frac{7}{5}$.

Il faut maintenant effectuer le produit, mais il vaut mieux repérer que $14 = 2 \times 7$ et simplifier par 7.

À retenir

Avant de se lancer dans des calculs fastidieux, on peut chercher des simplifications dans les tables.

$$A = \frac{6}{5} - \frac{17 \times 7}{7 \times 2 \times 5} = \frac{6}{5} - \frac{17}{10} = \frac{6 \times 2}{5 \times 2} - \frac{17}{10} = \frac{12}{10} - \frac{17}{10} = -\frac{5}{10}.$$

Il faut ensuite simplifier le résultat. On obtient alors $A = -\frac{1}{2}$.

Calculez B :

$$B = \frac{3}{4} - \frac{2}{3} \times \frac{15}{8} = \frac{3}{4} - \frac{2 \times 15}{3 \times 8}.$$

Il faut maintenant effectuer le produit. Pour simplifier les calculs, il vaut mieux remarquer que 15 = 3 × 5 et 8 = 2 × 4.

$$B = \frac{3}{4} - \frac{2 \times 3 \times 5}{3 \times 2 \times 4} = \frac{3}{4} - \frac{5}{4} = -\frac{2}{4}.$$

Il faut ensuite simplifier le résultat. On obtient alors $B = -\frac{1}{2}$.

Sujet (d'après DNB, 2013)

La fraction $A = \frac{125}{625}$ est-elle irréductible ? Si ce n'est pas le cas, la rendre irréductible.

Avant de commencer

- Se rappeler **les critères de divisibilité.**
- Utiliser la définition d'**une fraction irréductible.**
- **Utiliser la calculatrice** pour rendre irréductible une fraction.

Utilisez le critère de divisibilité par 5 :

125 et 625 se terminent par 5, ils sont donc tous deux divisibles par 5, la fraction n'est donc pas irréductible.

Utilisez la calculatrice pour rendre la fraction irréductible :

Casio : Vérifiez que la calculatrice est en mode simplification automatique. Si ce n'est pas le cas, tapez : [seconde] [mode] ↓ [4] (simp)1 (Auto)
Puis on tape 125 [▬/▭] 625 [EXE]
On obtient alors à l'écran $\frac{1}{5}$.

TI : Vérifiez que la calculatrice est en mode simplification automatique. Si ce n'est pas le cas, tapez : [mode] descendre sur (simpauto) [entrer]
Pour sortir de l'écran tapez : [seconde] [mode]
Puis on tape 125 [n/d] 625 [entrer]
On obtient alors à l'écran $\frac{1}{5}$.

La calculatrice affiche comme résultat $\frac{1}{5}$, qui est une fraction irréductible, on a donc $A = \frac{1}{5}$.

FICHE 6

Racines carrées

1 Racine carrée d'un nombre positif

a. Définitions

• Soit a un nombre **positif**. La racine carrée de a est le nombre positif dont le carré vaut a. Ce nombre se note $\sqrt{a}$.

Exemple 1 : 7 est positif, son carré vaut 49, donc $\sqrt{49} = 7$.

Exemple 2 : $\frac{1}{3}$ est positif et $\left(\frac{1}{3}\right)^2 = \frac{1}{9}$, donc $\sqrt{\frac{1}{9}} = \frac{1}{3}$.

• Le symbole $\sqrt{\ }$ est appelé **radical**. Le nombre sous le trait horizontal du radical est appelé **radicande**.

À retenir

La racine carrée d'un nombre négatif n'existe pas !

$\sqrt{0} = 0$ et $\sqrt{1} = 1$.

b. Propriétés

Si a est un nombre **positif**, alors $\sqrt{a}^2 = a$ et $\sqrt{a^2} = a$.

Exemple : $\sqrt{6}^2 = 6$ et $\sqrt{1{,}7^2} = 1{,}7$.

2 Obtention d'une racine carrée

a. Utilisation de la liste des carrés parfaits

Un carré parfait est le carré d'un nombre entier.

Exemple : 0 est un carré parfait, en effet $0 = 0^2$.
On obtient alors la liste des premiers carrés parfaits :

$1 = 1^2$	$4 = 2^2$	$9 = 3^2$	$16 = 4^2$	$25 = 5^2$	$36 = 6^2$
$49 = 7^2$	$64 = 8^2$	$81 = 9^2$	$100 = 10^2$	$121 = 11^2$	$144 = 12^2$

Pour déterminer mentalement la racine carrée d'un nombre parfait, il faudra connaître ces valeurs par cœur, ainsi : $\sqrt{121} = 11$.

b. Utilisation d'une calculatrice

• Pour obtenir $\sqrt{2}$, on obtient $\sqrt{2} \approx 1{,}4142...$ en tapant la séquence de touches suivantes :

Casio : [seconde] [x²] 2 [EXE] [S↔D]   TI : [2nde] [x²] 2 [Entrer] [(aff)]

• Remarque : le nombre $\sqrt{2}$ n'admet pas d'écriture décimale exacte. Il ne peut s'écrire sous la forme d'un quotient de deux nombres entiers, on dit qu'il est **irrationnel**.

3 Quelques applications

a. Encadrer une racine carrée à l'aide des carrés parfaits

On utilise la règle suivante : si a et b sont deux nombres positifs et si $a < b$, alors $\sqrt{a} < \sqrt{b}$.

Pour encadrer à l'unité $\sqrt{7}$, on encadre 7 entre deux carrés parfaits.

On a : $4 < 7 < 9$ d'où $\sqrt{4} < \sqrt{7} < \sqrt{9}$, c'est-à-dire $2 < \sqrt{7} < 3$.

b. Simplification de la racine carrée d'un nombre

Certaines racines carrées peuvent s'écrire sous la forme $a\sqrt{b}$ avec a et b nombres entiers les plus petits possibles. Pour déterminer les valeurs de a et b, il faudra alors utiliser la calculatrice en mode simplification automatique.

Exemple : $\sqrt{180} = 6\sqrt{5}$.

À retenir

Pour simplifier les produits, on sous-entend le symbole x.
Ainsi $\sqrt{7} \times 5$ s'écrit $5\sqrt{7}$.

Puissances

FICHE 7

1 Généralités

a. Définitions

- Soit a un nombre réel non nul et n un entier naturel avec $n \geqslant 2$.

$a^n = \underbrace{a \times a \times \ldots \times a}_{n \text{ facteurs}}$

À retenir

0^0 n'existe pas !

- a^n se lit « a puissance n » ou « a exposant n ». Par convention : $a^1 = a$ et $a^0 = 1$.

- Pour $n \geqslant 1$, **a^{-n} est l'inverse de a^n**. Donc $a^{-n} = \dfrac{1}{a^n}$.

Exemple 1 : $3^2 = 3 \times 3 = 9$.

Exemple 2 : $5^3 = 5 \times 5 \times 5 = 125$.

Exemple 3 : $7^0 = 1$.

Exemple 4 : $2^{-2} = \dfrac{1}{2^2} = \dfrac{1}{4}$.

À retenir

Il ne faut pas confondre l'inverse et l'opposé d'un nombre. L'opposé de a est $-a$.

b. Opérations

Si a et b sont deux réels non nuls et si n et p sont des entiers relatifs, alors : $a^n \times a^p = a^{n+p}$; $\dfrac{a^n}{a^p} = a^{n-p}$; $(a^n)^p = a^{n \times p}$; $a^n \times b^n = (ab)^n$; $\left(\dfrac{a}{b}\right)^n = \dfrac{a^n}{b^n}$.

Exemple 1 : $3^2 \times 3^{-4} = 3^{2-4} = 3^{-2}$.

Exemple 2 : $\dfrac{5^2}{5^{-8}} = 5^{2-(-8)} = 5^{2+8} = 5^{10}$.

Exemple 3 : $(3^2)^5 = 3^{2 \times 5} = 3^{10}$.

Exemple 4 : $3^2 \times 5^2 = (3 \times 5)^2 = 15^2$.

Exemple 5 : $\left(\dfrac{3}{4}\right)^2 = \dfrac{3^2}{4^2} = \dfrac{9}{16}$.

c. Puissances de 10

- Si n et p sont des entiers relatifs : $10^n \times 10^p = 10^{n+p}$; $\frac{10^n}{10^p} = 10^{n-p}$; $(10^n)^p = 10^{n \times p}$.
- Préfixes usuels et puissances de 10 :

Nano	Micro	Milli	Kilo	Mega	Giga
10^{-9}	10^{-6}	10^{-3}	10^3	10^6	10^9

Une clé USB de 16 Go contient donc 16×10^9 octets.
Un atome d'hydrogène a un diamètre de 0,1 nanomètre donc $0{,}1 \times 10^{-9}$ m.

2 Écriture scientifique d'un nombre

À retenir

On déplace la virgule pour avoir un seul chiffre non nul avant la virgule, puis on multiplie par la puissance de 10 correspondant.

L'écriture scientifique d'un nombre est l'écriture de ce nombre sous la forme $a \times 10^n$ où a s'écrit avec **un seul chiffre non nul avant la virgule** et n est un nombre entier relatif. Le nombre a est appelé **mantisse** du nombre.

Exemple 1 : 2 015 a pour écriture scientifique $2{,}015 \times 10^3$.
Exemple 2 : 0,201 3 a pour écriture scientifique $2{,}013 \times 10^{-1}$.

3 Calculs avec des puissances

À retenir

Un nombre au carré est toujours positif.

Dans les calculs, on doit :

1. commencer par les calculs entre parenthèses ;
2. isoler et calculer les puissances ;
3. effectuer les multiplications et les divisions ;
4. effectuer les additions et les soustractions.

Exemple :
$4 \times (5 - 8)^2 + 3^2 = 4 \times (-3)^2 + 3^2 = 4 \times 9 + 9 = 36 + 9 = 45.$

BILAN

Calculer une expression numérique

FICHE 8

THÈMES clés

Notion de division euclidienne et de diviseur : fiche 1

Rendre irréductible une fraction : fiche 2

Calculs avec des fractions : fiches 4 et 5

Racines carrées : fiche 6

Puissances : fiche 7

DÉFINITIONS clés

Diviser par un nombre non nul : multiplier par l'inverse du nombre.

Nombre parfait : nombre entier égal au carré d'un autre entier.

Nombre premier : un entier qui admet exactement 2 diviseurs communs (1 et lui-même).

Fraction irréductible : le numérateur et le dénominateur ont un seul diviseur commun, 1.

Écriture scientifique : $a \times 10^n$ avec a s'écrivant avec un seul chiffre non nul avant la virgule et n un entier relatif.

FORMULE clé

Si $a \geqslant 0$, alors $\sqrt{a^2} = a$.

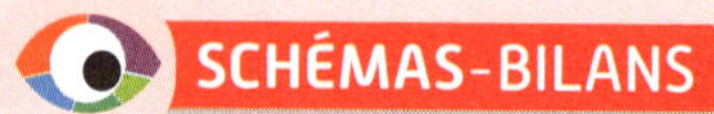

Calcul fractionnaire

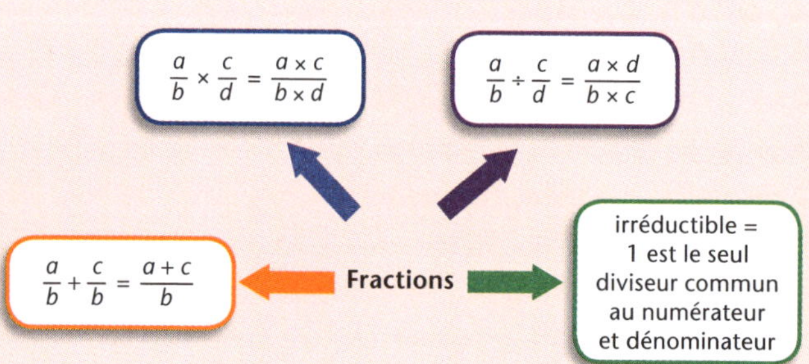

Calcul avec les puissances

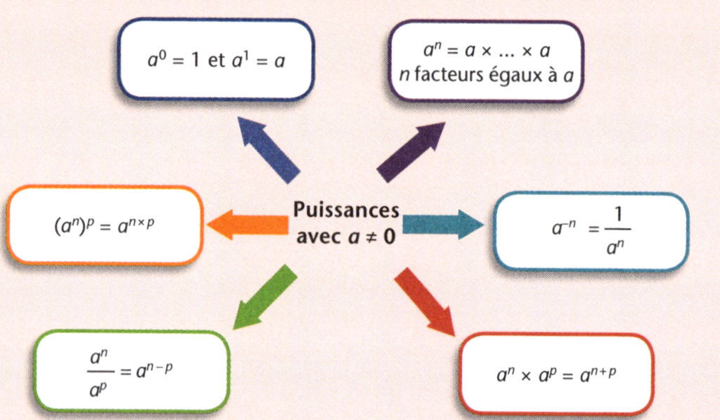

Quiz-bilan

FICHE **9**

→ *Réponses au verso.*

1 Le résultat de $\frac{1}{3} + \frac{2}{5}$ est :

a. ☐ $\frac{3}{8}$. b. ☐ $\frac{3}{15}$. c. ☐ $\frac{11}{15}$.

2 Le résultat de $2 + \frac{1}{3} \times \frac{2}{5}$ est :

a. ☐ $\frac{32}{15}$. b. ☐ $\frac{2}{5}$. c. ☐ $\frac{4}{15}$.

3 Les diviseurs communs à 12 et à 20 sont :

a. ☐ 1 et 2. b. ☐ 2 et 4. c. ☐ 1 ; 2 et 4.

4 Le nombre 6 est un diviseur commun à 36 et à 20 :

a. ☐ Vrai b. ☐ Faux

5 142 et 208 sont premiers entre eux :

a. ☐ Vrai b. ☐ Faux

6 La fraction $\frac{121}{33}$ est simplifiable par :

a. ☐ 3. ☐ b. 7. c. ☐ 11.

7 La fraction $\frac{17}{18}$ est irréductible :

a. ☐ Vrai b. ☐ Faux

8 $\sqrt{64} = ?$

a. ☐ 8 b. ☐ 32 c. ☐ 4 096

9 Sans utiliser la calculatrice, $\sqrt{12}$ est compris entre :

a. ☐ 11 et 13. b. ☐ 3 et 4.

10 **144 est un nombre parfait :**

a. ☐ Vrai   b. ☐ Faux

11 $(-17)^0 = ?$

a. ☐ -1 b. ☐ 0   c. ☐ -17 d. ☐ 1

12 **L'écriture décimale de 2^{-4} est :**

a. ☐ -8.   b. ☐ 16.   c. ☐ 0,125.   d. ☐ 0,062 5.

13 **L'écriture scientifique de 2 015 est :**

a. ☐ $2{,}015 \times 10^2$.   b. ☐ $0{,}201\,5 \times 10^4$.   c. ☐ $2{,}015 \times 10^3$.

14 **Le nombre $\dfrac{4 \times 10^2 \times 12 \times 10^{-4}}{3 \times 10^{-1}}$ a pour écriture décimale :**

a. ☐ 16.   b. ☐ 1,6.   c. ☐ 0,16.

15 **L'écriture scientifique de 0,005 5 est :**

a. ☐ 55×10^{-4}.   b. ☐ $5{,}5 \times 10^3$.   c. ☐ $5{,}5 \times 10^{-3}$.

16 **Les nombres 105 et 106 sont premiers entre eux :**

a. ☐ Vrai   b. ☐ Faux

17 **13 est un diviseur commun à 143 et à 221 :**

a. ☐ Vrai   b. ☐ Faux

Réponses :

1c – 2a – 3c – 4b – 5b les deux nombres sont divisibles par 2 – 6c – 7a 17 et 18 sont premiers entre eux – 8a – 9b – 10a 144 = 12^2, donc c'est un nombre parfait – 11d – 12d – 13c – 14b – 15c – 16a – 17a.

Calcul littéral : rôle de la lettre, distributivité simple

FICHE 10

1 Expression en fonction d'une inconnue

• Pour établir des liens entre différentes grandeurs, pour traduire une situation ou utiliser une formule, on utilise **des lettres pour représenter les inconnues**.

Exemple : l'indice de masse corporelle est donné par la formule $IMC = m/t^2$
Les inconnues sont ici m pour la masse et t pour la taille.

• Remarque : lorsque l'on doit obtenir une expression, par habitude, on nomme la première des inconnues x et la seconde y.

Exemple : Amin désire acheter un livre à 12 €. Quelle formule donne le prix en fonction du nombre de livres qu'Amin achète ?
On désigne par x le nombre d'exemplaires qu'Amin désire acheter, puis on traduit l'énoncé, le prix sera donc $12x$.

À retenir

On utilise la simplification d'écriture pour les multiplications : $a \times b$ est noté ab.

2 Simplifier les expressions

• Définition : **simplifier une expression**, c'est l'exprimer d'une manière plus simple. Pour cela, on simplifie l'écriture des multiplications, on **réduit** aussi les expressions en regroupant les termes entre eux.

Exemple : $5 \times a + 30 + 2 \times a = 5a + 30 + 2a = 5a + 2a + 30 = 7a + 30$

• On peut aussi utiliser les propriétés de **distributivité** :
Pour tous nombres réels a, b et k : $k(a + b) = ka + kb$.
Pour tous nombres réels a, b, c et d :

$$(a + b)(c + d) = ac + ad + bc + bd.$$

À retenir

$a \times a = a^2$

Exemple 1 : $(a + 5)(a + 1) = a \times a + a \times 1 + 5 \times a + 5 \times 1$

$= a^2 + a + 5a + 5$

$= a^2 + 6a + 5.$

Exemple 2 : $(x^2 - 5)(x + 2) = x^2 \times x + x^2 \times 2 + (-5) \times x + (-5) \times 2$

$= x^3 + 2x^2 - 5x - 10.$

3 Calculer la valeur d'une expression

• Méthode : Pour calculer la valeur d'une expression littérale pour certaines valeurs des inconnues, il suffit **de remplacer les inconnues par leurs valeurs** en faisant **apparaître les signes ×** qui ont été simplifiés et en **respectant les priorités opératoires**.

• Remarque : on dit que l'on **substitue** les lettres par leurs valeurs. Il faudra faire attention à choisir la forme la plus adaptée, c'est-à-dire celle qui nécessite le moins de calculs.

Exemple 1 : calcul de l'indice de masse corporelle pour une personne mesurant 1,50 m et ayant une masse de 50 kg. On donne : $IMC = m/t^2$, avec m pour la masse en kg et t pour la taille en m.
On remplace m par 50 et t par 1,5. On a donc :

$$IMC = \frac{50}{1{,}5^2} = \frac{50}{2{,}25} \approx 22{,}22 \text{ kg/m}^2$$

Exemple 2 : soit $A = 3x^2 - 2x + 5$. Calculer A pour $x = -4$ et $x = 1$.
Calcul pour $x = -4$: on réécrit A en remplaçant x par -4, en rajoutant les symboles × et en rajoutant aussi des parenthèses. On a donc :
$A = 3 \times (-4)^2 - 2 \times (-4) + 5 = 3 \times 16 + 8 + 5 = 61.$
Calcul pour $x = 1$: on réécrit A en remplaçant x par 1 et en rajoutant les symboles ×. On a donc :
$A = 3 \times 1^2 - 2 \times 1 + 5 = 3 - 2 + 5 = 1 + 5 = 6.$

Développer, factoriser, identités remarquables

FICHE 11

1 Développements/factorisations

- Développer, c'est **transformer un produit en une somme**.
- Factoriser, c'est **transformer une somme ou une différence en un produit**.

Rappel : formules de distributivité pour tous nombres a, b, c et d :

$k(a + b) = ka + kb$

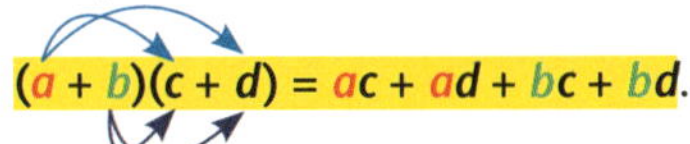

$(a + b)(c + d) = ac + ad + bc + bd.$

Exemples :
Factoriser les expressions
$A = a^2 + 5a$,
et $B = (x + 2)^2 - 3(x + 2)(x + 1)$.
Il faut toujours commencer par rechercher des facteurs communs !
Pour A, on repère que a est un facteur commun,
d'où $A = a^2 + 5a = a \times (a + 5) = a(a + 5)$.
Pour B, on repère que $(x + 2)$ est un facteur commun, d'où
$B = (x + 2)^2 - 3(x + 2)(x + 1) = (x + 2)[(x + 2) - 3(x + 1)]$
$= (x + 2)(x + 2 - 3x - 3) = (x + 2)(-2x - 1)$.

À retenir
Pour factoriser, il faut parfois développer puis réduire à l'intérieur des crochets.

2 Les identités remarquables

a. Carré d'une somme

- Pour tous nombres réels a et b : $(a + b)^2 = a^2 + 2 \times a \times b + b^2$
Autre formulation : « le carré de la somme est égal au 1er terme au carré plus deux fois le 1er fois le 2nd terme plus le 2nd terme au carré ».

À retenir
Ne pas oublier le double produit $2ab$.

Exemple : $(2y + 1)^2 = (2y)^2 + 2 \times 2y \times 1 + 1^2 = 4y^2 + 4y + 1$.

- On peut utiliser cette identité remarquable pour effectuer des calculs sans calculatrice. Pour calculer 102^2, on remarque que $102 = 100 + 2$. On a : $102^2 = (100 + 2)^2 = 100^2 + 2 \times 100 \times 2 + 2^2 = 10\,000 + 400 + 4 = 10\,404$.

b. Carré d'une différence :

À retenir

Ne pas oublier le double produit $2ab$.

• Pour tous nombres réels a et b : $(a - b)^2 = a^2 - 2 \times a \times b + b^2$

Autre formulation : « Le carré d'une différence est égale au 1er terme au carré moins deux fois le 1er fois le 2nd terme plus le 2nd terme au carré ».

| **Exemple :** $(5 - 3a)^2 = 5^2 - 2 \times 5 \times 3a + (3a)^2 = 25 - 30a + 9a^2$.

À retenir

Ne pas confondre le carré et le double.

• On peut utiliser cette identité remarquable pour effectuer des calculs sans calculatrice. Pour 98^2, on a $98 = 100 - 2$, donc : $98^2 = (100 - 2)^2 = 100^2 - 2 \times 100 \times 2 + 2^2 = 10\,000 - 400 + 4 = 9\,604$.

c. Produit de la somme par la différence

• Pour tous nombres réels a et b : $(a + b)(a - b) = a^2 - b^2$

Autre formulation : « le produit de la somme par la différence est égal au 1er terme au carré moins le 2nd terme au carré ».

| **Exemple :** $(5y + 2)(5y - 2) = (5y)^2 - 2^2 = 25y^2 - 4$.

• On peut utiliser cette identité pour effectuer des calculs sans calculatrice. Pour 102×98, on a $102 = 100 + 2$ et $98 = 100 - 2$, donc $102 \times 98 = (100 + 2) \times (100 - 2) = 100^2 - 2^2 = 10\,000 - 4 = 9\,996$.

d. Factorisations et identités remarquables

• Pour factoriser, il suffit de lire les identités remarquables **de droite à gauche**. Pour savoir laquelle utiliser, on doit commencer par **compter le nombre de termes**. S'il y en a trois, on pourra utiliser l'une des deux premières. S'il y a une différence de deux carrés, on pourra utiliser la troisième.

| **Exemple 1 :** Factorisation de l'expression $A = x^2 + 10x + 25$.
Il y a trois termes précédés du signe « + ». On utilise :
$a^2 + 2 \times a \times b + b^2 = (a + b)^2$ avec $a = x$ et $b = 5$:
$A = x^2 + 2 \times x \times 5 + 5^2 = (x + 5)^2$.

| **Exemple 2 :** Factorisation de l'expression $B = 5 - x^2$.
B est une différence de deux carrés.
$a^2 - b^2 = (a + b)(a - b)$
si $a = \sqrt{5}$ et $b = x$, on a :
$B = \sqrt{5}^2 - x^2 = (\sqrt{5} + x)(\sqrt{5} - x)$.

À retenir

Un nombre positif a est égal au carré de sa racine carrée : $a = \sqrt{a}^2$.

Équations

FICHE 12

1 Équations du premier degré

a. Équation du type $ax = b$

- Si $a = 0$ et $b \neq 0$, alors l'équation n'admet **pas de solutions**.
- Si $a = 0$ et $b = 0$, alors l'équation admet une **infinité** de solutions.
- Si $a \neq 0$, alors l'équation admet pour solution $\frac{b}{a}$.

À retenir

Pour « éliminer » le coefficient devant x, on divise par celui-ci les deux membres de l'équation.

b. Équation du type $x + a = b$

La solution de l'équation $x + a = b$ est $b - a$.

À retenir

Si l'on additionne ou soustrait le même nombre aux deux membres, on obtient une équation qui a les mêmes solutions.

c. Équation du premier degré

Pour résoudre une équation du premier degré, on doit :

1. développer les produits s'il y en a ;
2. regrouper les termes en x d'un côté et les autres termes de l'autre côté ;
3. effectuer les calculs pour se ramener à une équation du type $ax = b$;
4. résoudre l'équation obtenue.

Exemple 1 : Résolution de $3x + 4 = 8x - 2$.
On regroupe les termes en x à gauche : $3x - 8x = -2 - 4$.
On effectue les calculs : $-5x = -6$.
On résout l'équation : $-5 \neq 0$ donc $x = \frac{-6}{-5} = \frac{6}{5}$.
Donc $\frac{6}{5}$ est la solution.

Exemple 2 : Résolution de $2(x + 1) = 3$.
On développe le produit : $2x + 2 = 3$.
On regroupe les termes : $2x = 3 - 2$.
On effectue le calcul : $2x = 1$.
On résout l'équation $x = \frac{1}{2}$.
Donc $\frac{1}{2}$ est la solution.

2 Équations produits

À retenir

Une équation produit est un **produit** de facteurs nuls.

- Une **équation produit** est de la forme $(ax + b)(cx + d) = 0$ où a, b, c et d sont des nombres réels.

- Si un produit de deux facteurs est nul, alors l'un des deux facteurs, **au moins**, est nul.

Exemple : Résolution de $(3x + 5)(x - 2) = 0$.
Il s'agit d'une équation produit, alors l'un des facteurs au moins est nul.
$3x + 5 = 0$ **ou** $x - 2 = 0$
$x = \frac{-5}{3}$ ou $x = 2$
Les solutions sont donc $\frac{-5}{3}$ **et** 2.

3 Équation du type $x^2 = a$

À retenir

Si $a > 0$, il ne faut pas oublier qu'il y a **deux solutions distinctes**.

- $x^2 = a$ revient à résoudre $x^2 - a = 0$. Si $a > 0$ on a alors $\sqrt{a^2} = a$ d'où la factorisation en $(x - \sqrt{a})(x + \sqrt{a}) = 0$.

- Si $a < 0$, alors il n'y a pas de solution.
- Si $a = 0$, alors 0 est l'unique solution.
- Si $a > 0$, alors il y a deux solutions $\sqrt{a}$ **et** $-\sqrt{a}$

Exemple 1 : Résolution de $x^2 = 8$.
$8 > 0$, l'équation admet deux solutions $\sqrt{8}$ **et** $-\sqrt{8}$.

Exemple 2 : Résolution de $x^2 = -16$.
$-16 < 0$, cette équation n'admet pas de solution.

Inégalités et inéquations

FICHE 13

1 Inégalités

À retenir

Les inégalités **strictes** sont de la forme $a < b$ ou $a > b$.
Les inégalités **larges** sont de la forme $a \geqslant b$ ou $b \leqslant a$.

- On **ne change pas** le sens d'une inégalité (stricte ou large) **si l'on ajoute ou si l'on soustrait un même nombre aux deux membres**.

Par exemple, pour tous nombres a, b et c, si $a < b$, alors $a + c < b + c$.

- On **ne change pas** le sens d'une inégalité (stricte ou large) **si l'on multiplie ou si l'on divise les deux membres par un même nombre strictement positif**.

Par exemple, pour tous nombres a, b et c avec $c > 0$, si $a > b$, alors $ac > bc$.

- On **change** le sens d'une inégalité (stricte ou large) **si l'on multiplie ou si l'on divise les deux membres par un même nombre strictement négatif**.

Par exemple, pour tous nombres a, b et c avec $c < 0$, si $a \geqslant b$, alors $\frac{a}{c} \leqslant \frac{b}{c}$.

2 Inéquation du premier degré à une inconnue

a. Vocabulaire

- **Résoudre une inéquation**, c'est trouver toutes les valeurs d'une inconnue qui vérifient l'inégalité proposée.
- La ou les valeurs sont les **solutions** de l'inéquation.

b. Résolution

- Pour résoudre une inéquation d'inconnue x, on doit :

1. développer les produits s'il y en a ;
2. regrouper les termes en x d'un côté et les autres de l'autre côté ;
3. effectuer et simplifier les calculs, pour obtenir une inéquation du type $ax > b$ ou $ax < b$ ou $ax \leqslant b$ ou $ax \geqslant b$;
4. diviser les deux membres par le coefficient devant x. Si $a > 0$, pas de changement de sens de l'inégalité. Si $a < 0$, changement du sens de l'inégalité ;
5. donner la ou les solutions.

Exemple : Résolution de $3\,(x + 5) \leqslant 8x$.
On développe les produits : $3x + 15 \leqslant 8x$.
On regroupe les termes en x à gauche : $3x - 8x \leqslant -15$.
On effectue et simplifie les calculs : $-5x \leqslant -15$.
On divise les deux membres par -5. $-5 < 0$, donc changement du sens de l'inégalité : $x \geqslant \frac{-15}{-5}$, soit $x \geqslant 3$.
Tous les nombres supérieurs ou égaux à 3 sont donc les solutions de l'inéquation.

c. Représentation graphique

- On représente les solutions d'une inéquation sur une droite graduée par **une zone colorée ou hachurée et un crochet**.
- Le crochet est tourné vers les solutions si le nombre correspondant fait partie des solutions.
- Le crochet est tourné vers l'extérieur si le nombre correspondant ne fait pas partie des solutions.

Exemple 1 : Représentation en rouge des solutions de $x > -2$. Or, -2 ne fait pas partie des solutions ; le crochet est tourné vers l'extérieur.

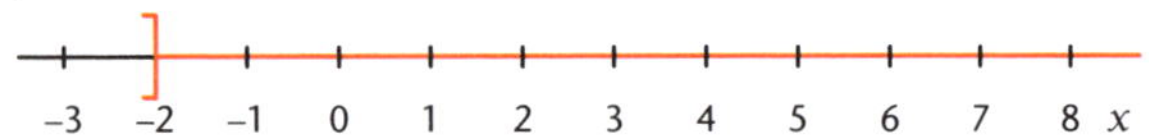

Exemple 2 : Représentation en vert des solutions de $x \leqslant 5$.
5 fait partie des solutions ; le crochet est tourné vers les solutions.

FICHE 14

Exercices commentés pas à pas

Résoudre une équation ou une inéquation

Sujet (d'après DNB Amérique du Nord, 2015)

Trouvez le nombre auquel je pense :

- Je pense à un nombre.
- Je lui soustrais 10.
- J'élève le tout au carré.
- Je soustrais au résultat le carré du nombre auquel j'ai pensé.
- J'obtiens alors –340.

Avant de commencer

▶ Traduire chacune des étapes du programme de calcul **en utilisant des expressions littérales,** puis développer l'expression finale.

▶ **Développer** l'expression.

▶ Utiliser les résultats précédents pour résoudre l'égalité à –340.

→ Traduisez le programme de calcul et développez :

Étape 1 : on choisit x.
Étape 2 : on lui soustrait 10, donc on a $x - 10$.
Étape 3 : on calcule $(x - 10)^2 = x^2 - 2 \times 10x + 100$
$= x^2 - 20x + 100$.
Étape 4 : on soustrait au résultat le carré du nombre de départ :
$x^2 - 20x + 100 - x^2 = -20x + 100$.

→ Résolution de l'équation :

$-20x + 100 = -340 \Leftrightarrow -20x = -340 - 100 \Leftrightarrow -20x = -440$

$\underset{-2 \neq 0}{\Longleftrightarrow} x = \dfrac{-440}{-20} = 22$

Le nombre auquel je pense est 22.

Sujet (d'après DNB Nouvelle-Calédonie, mars 2011)

Une famille étudie deux tarifs d'électricité qui lui sont proposés :

	Tarif 1	Tarif 2
Abonnement mensuel (en CFP)	0	3 600
Prix par kWh distribué (en CFP)	24	14

1. Si cette famille consomme 300 kWh en un mois, calculez le coût du tarif 1, puis celui du tarif 2.
2. Déterminez à partir de combien de kWh consommé en un mois le tarif 2 est plus avantageux que le tarif 1.

Avant de commencer

▶ Il ne faut pas oublier que l'abonnement mensuel est payé chaque mois !

▶ Il faut obtenir les tarifs en fonction de la consommation. Pour cela, on choisit une inconnue qui va représenter la consommation et on traduit les données de l'énoncé.

→ Utilisez les données de l'énoncé :

La famille consomme 300 kWh en un mois.
Avec le tarif 1, elle va payer $24 \times 300 = 7\,200$ CFP.
Avec le tarif 2, elle va payer $3\,600 + 14 \times 300 = 7\,800$ CFP.

→ Choisissez une inconnue désignant la consommation de la famille en un mois, puis calculez en fonction de cette inconnue le tarif 1 et le tarif 2 :

Soit x le nombre de kWh consommé par la famille en un mois.
Coût du tarif 1 = $24x$.
Coût du tarif 2 = $3\,600 + 14x$.

→ Traduisez « le tarif 2 est plus avantageux que le tarif 1 » par une inéquation :

Tarif 2 < Tarif 1 donc $3\,600 + 14x < 24x \Leftrightarrow 3\,600 < 24x - 14x \Leftrightarrow$
$3\,600 < 10x \Leftrightarrow x > 3\,600$.
C'est à partir de 360 kWh par mois que le tarif 2 est plus avantageux que le tarif 1 pour la famille.

Calcul littéral

THÈMES clés

Identités remarquables, développements et factorisations : fiche 11

Résolution d'équations du premier degré : fiche 12

Résolution d'une équation produit : fiche 12

Résolution d'une inéquation : fiche 13

DÉFINITIONS clés

Expression littérale : expression algébrique contenant une ou plusieurs lettres.

Distributivité : formule permettant de passer d'un produit de sommes à une somme de produits et vice-versa.

Développer : transformer un produit en une somme.

Réduire : rassembler les termes de la même nature.

Factoriser : transformer une somme en un produit.

Résoudre une équation : trouver la ou les valeurs de l'inconnue vérifiant l'équation.

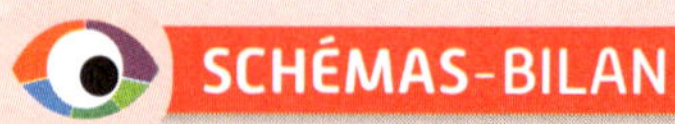

Distributivité simple et double

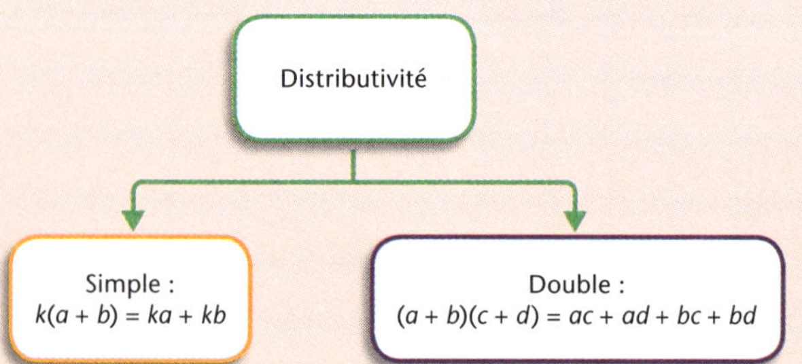

Développer et/ou factoriser avec les identités remarquables

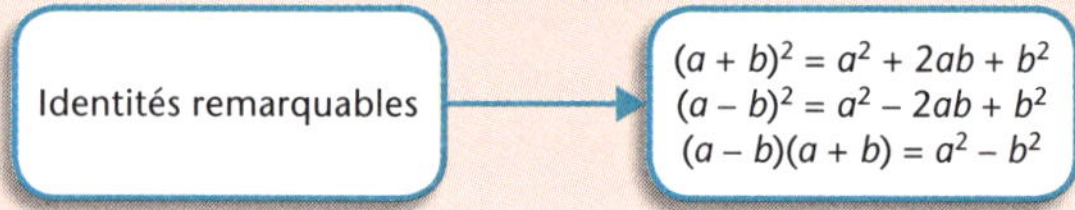

Résolution d'une équation

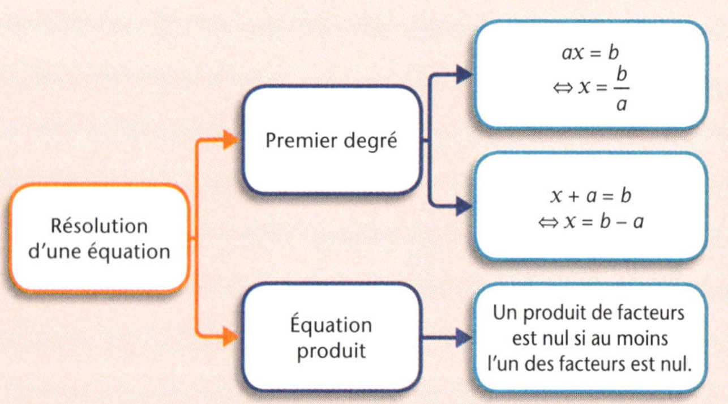

Quiz-bilan

→ *Réponses au verso.*

1 La solution de l'équation $x - 8 = 10$ est :

a. ☐ 18. b. ☐ 2. c. ☐ −2.

2 L'équation $x + 3 = x - 4$ admet :

a. ☐ 7 pour solution. b. ☐ aucune solution.
c. ☐ −7 pour solution.

3 $2x = \frac{4}{5}$ admet pour solution :

a. ☐ 0,4. b. ☐ 0,2. c. ☐ 0,8.

4 $2(2x - 5) = 3$ admet pour solution :

a. ☐ $-\frac{7}{4}$. b. ☐ 2. c. ☐ $\frac{13}{4}$.

5 $(5 - x)(5 + x) = 0$ admet pour solution :

a. ☐ 5. b. ☐ −5. c. ☐ 5 et −5.

6 L'équation $(x - 2)(3x + 5) = 0$ admet pour solutions :

a. ☐ 2 et $\frac{5}{3}$. b. ☐ −2 et $-\frac{5}{3}$. c. ☐ 2 et $-\frac{5}{3}$.

7 L'équation $x^2 = -3$ admet :

a. ☐ deux solutions. b. ☐ une seule solution.
c. ☐ aucune solution.

8 L'équation $x^2 = 36$ admet :

a. ☐ 6 pour solution. b. ☐ 6 et −6 pour solutions.
c. ☐ −6 pour solution.

9 **Si $-3x < 12$, alors :**

a. ☐ $x < -4$.
b. ☐ $x > -4$.
c. ☐ $x < 4$.
d. ☐ $x > 4$.

10 **Les solutions de l'inéquation $5x < x + 8$ sont :**

a. ☐ tous les nombres supérieurs à 2.
b. ☐ tous les nombres inférieurs à 2.

11 **La forme développée réduite de $(x - 7)(x + 7)$ est :**

a. ☐ $x^2 - 14$.
b. ☐ $x^2 - 49$.
c. ☐ $x^2 + 49$.

12 **$(3 + x)^2$ vaut :**

a. ☐ $9 + 6x + x^2$.
b. ☐ $9 + x^2$.
c. ☐ $6 + 2x$.

13 **$101 \times 99 = ?$**

a. $100^2 + 1$
b. $1^2 - 100^2$
c. $100^2 - 1^2$

Réponses :

1 a – 2 b – 3 a – 4 c – 5 c – 6 c – 7 c un carré est toujours positif – 8 b – 9 b – 10 b – 11 b – 12 a – 13 c car $101 \times 99 = (100 + 1)(100 - 1) = 100^2 - 1^2$.

érie statistique : représenter, terpréter, calculer des fréquences

FICHE 17

1 Vocabulaire

• En statistiques, on étudie une **population** composée **d'individus**. Chaque individu possède des **caractères**. Ceux-ci peuvent être **qualitatifs** (couleur des yeux…) ou **quantitatifs** (relié à une quantité, une taille, etc.).

• Lors d'un sondage, on obtient une **série statistique brute**, que l'on va utiliser sous des formes plus simples à interpréter : un tableau de données, des diagrammes ou histogrammes.

• Le nombre d'individus composant la population est appelé **effectif total** de la série statistique. Le nombre d'individus possédant un même caractère est appelé **effectif du caractère**.

2 Tableau de données et fréquences

• Pour **regrouper**, **organiser** les données d'un sondage ou d'une enquête on utilise un tableau de données.

Exemple : voici la répartition des élèves du collège Beaussier.

Niveau	6^e	5^e	4^e	3^e
Effectif	100	150	200	150

200 indique qu'il y a 200 élèves en 4e au collège Beaussier.

• Remarque : On utilise parfois un regroupement par classes.

• Définition : la **fréquence** d'une valeur du caractère

$$= \frac{\text{effectif de la valeur étudiée}}{\text{effectif total}}.$$

La fréquence est **un nombre compris entre 0 et 1**. On peut l'exprimer à l'aide d'une écriture décimale exacte ou approchée, ou en pourcentages.

3 Représentations graphiques

a. Diagramme en bâtons

Dans ce type de diagramme, **les hauteurs des bâtons sont proportionnelles aux quantités** représentées.

Exemple : on reprend la répartition du collège Beaussier.

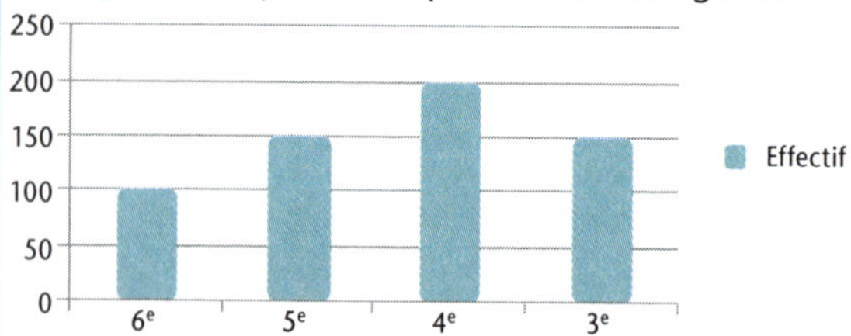

b. Diagramme circulaire

Dans ce type de diagramme, **les mesures des angles sont proportionnelles aux quantités** représentées.

Exemple : on reprend la répartition du collège Beaussier. Pour obtenir la mesure de l'angle représentant les élèves de 4e, on complète le tableau de proportionnalité suivant :

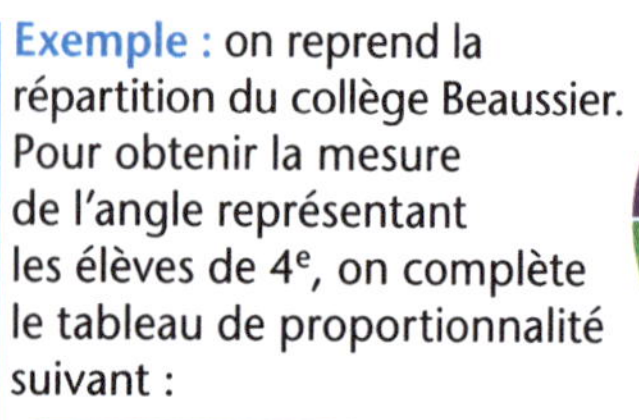

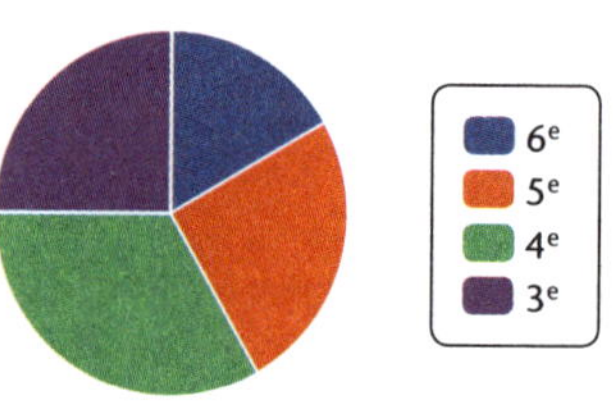

Angle en degré	360	?
Effectif	Effectif total = 600	200

Produit en croix : $? = \dfrac{200 \times 360}{600} = 120°$

c. Histogramme

C'est un diagramme constitué de rectangles juxtaposés. La largeur des rectangles correspondant à l'intervalle de la classe correspondante, on adapte la hauteur pour que **l'aire du rectangle soit proportionnelle à l'effectif** de la classe.

Exemple : on reprend la répartition des élèves du collège Beaussier. Le rectangle des 6e représente 100 élèves.
On obtient :

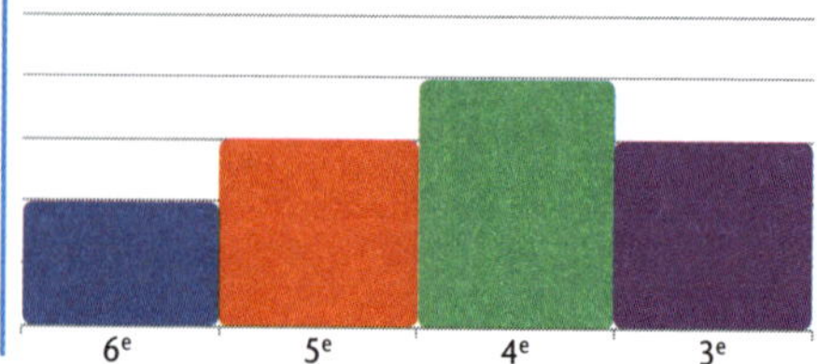

Série statistique : caractères de position et de dispersion

FICHE 18

1 Caractère de position : la moyenne

- La **moyenne** d'une série statistique est égale au quotient de la somme de toutes les valeurs par le nombre total de valeurs.
- Formule : $\text{moyenne} = \dfrac{\text{somme de toutes les valeurs}}{\text{nombre total de valeurs}}$.

On dit qu'il s'agit d'une moyenne brute.

Exemple : Série de notes : 12 ; 10 ; 11.
La moyenne de cette série vaut $\dfrac{12+10+11}{3} = \dfrac{33}{3} = 11$.

- La **moyenne pondérée** d'une série statistique est égale au quotient des sommes des produits de chaque valeur par son coefficient par la somme des coefficients.

À retenir

La **moyenne pondérée** est égale à la moyenne brute lorsque tous les coefficients sont égaux.

- Formule : $\text{moyenne pondérée} = \dfrac{\text{somme des produits de chaque valeur par son coefficient}}{\text{somme des coefficients}}$.

Exemple : On considère la série statistique ci-contre :

Valeur	12	10	11
Coefficient	2	1	2

La moyenne vaut :

$$\frac{12 \times 2 + 10 \times 1 + 11 \times 2}{2+1+2} = \frac{24+10+22}{5} = \frac{56}{5} = 11{,}2.$$

- Remarque : en général, la moyenne pondérée est différente de la moyenne brute.

2 Caractère de position : la médiane

- La **médiane** m d'une série statistique ordonnée est **une** valeur qui partage cette série en deux série de même effectif.
- Remarque : **la médiane n'est pas forcément une valeur de la série !**

À retenir

Il faut ordonner la série. Si l'effectif de celle-ci est impair, la médiane est une valeur de la série.
Si l'effectif est pair, il faut calculer une moyenne.

Exemple 1 :

5	7	8	11	12

La valeur **8** sépare la série en deux séries de même effectif.
La médiane est **8**.

Exemple 2 :

5	6	9	12

Toute valeur comprise entre 6 et 9 peut être la médiane.
Par convention, on prend la moyenne des deux valeurs, ici $\frac{6+9}{2} = 7{,}5$.
La médiane est **7,5**.

- **Attention**, la médiane et la moyenne sont deux caractères différents : dans le cas général, ils ont une valeur différente. Pour information, selon l'INSEE le salaire net moyen en 2013 était de 2 202 € tandis que le salaire net médian en 2013 était de 1 772 €.

3 Caractère de dispersion : l'étendue

- L'**étendue** d'une série statistique est la différence entre la plus grande valeur et la plus petite valeur de la série.
- Formule : **Étendue = valeur maximale – valeur minimale**.
- Remarque : l'étendue est le premier outil pour étudier l'**éparpillement**, c'est-à-dire la **dispersion des valeurs** de la série statistique.

À retenir

Il faut toujours vérifier si la série est ordonnée ou pas.

Exemple :
10 élèves ont calculé le nombre de SMS qu'ils envoient en une journée : 25 ; 75 ; 125 ; 5 ; 10 ; 50 ; 80 ; 90 ; 120 ; 125.
La valeur maximale est 125.
La valeur minimale est 5.
L'étendue de la série vaut 125 – 5 = **120**.
On peut en conclure que les valeurs sont dispersées.

Étudier une série statistique

Sujet (d'après DNB métropole, juin 2013)

Les informations suivantes concernent les salaires des hommes et des femmes d'une même entreprise :

Salaires des femmes :
1 200 € ; 1 230 € ; 1 250 € ; 1 310 € ; 1 376 € ; 1 400 € ; 1 440 € ; 1 500 ; 1 700 € ; 2 100 €

Salaires des hommes :
Effectif total : 20
Moyenne : 1 769 €
Étendue : 2 400 €
Médiane : 2 000 €
Les salaires des hommes sont tous différents.

1. Comparez le salaire moyen des hommes et celui des femmes.
2. Quelle est l'étendue des salaires des femmes ?
3. Le plus bas salaire de l'entreprise est 1 000 €. Quel salaire est le plus élevé ?
4. Dans cette entreprise, combien de personnes gagnent plus de 2 000 € ?

Avant de commencer

- Pour pouvoir comparer le salaire moyen d'un homme et d'une femme, il faut d'abord calculer le salaire moyen d'une femme.
- La **moyenne** d'une série statistique est égale au quotient de la somme de toutes les valeurs par le nombre total de valeurs.
- Toutes les données de l'énoncé sont importantes.
- La **médiane** *m* d'une série statistique ordonnée est **une valeur** qui partage cette série en deux séries de même effectif.

Calculez le salaire moyen des femmes :

Salaire moyen des femmes =

$$\frac{1\,200 + 1\,230 + 1\,250 + 1\,310 + 1\,376 + 1\,400 + 1\,440 + 1\,500 + 1\,700 + 2\,100}{10} =$$

= 1 450,6 €.

Comparez avec le salaire moyen des hommes :

Le salaire moyen des hommes est de 1 769 €, il est donc supérieur à celui des femmes.

Utilisez les données de l'énoncé et la notion d'étendue :

1. L'étendue est obtenue en effectuant la différence entre le salaire le plus élevé et le salaire le plus bas, donc ici elle vaut :
2 100 € – 1 200 € = 900 €.

2. Le salaire le plus bas de l'entreprise est 1 000 €. Étant donné que l'on connaît le salaire de toutes les femmes de l'entreprise, cela signifie que c'est un homme qui a le plus bas salaire.
L'étendue du salaire masculin est de 2 400 €.
Cela signifie donc que le salaire maximal d'un homme est de :
1 000 € + 2 400 € = 3 400 €.

Ce salaire est supérieur au salaire le plus élevé des femmes (2 100 €). Le salaire le plus élevé est donc de 3 400 €.

Utilisez la notion de salaire médian :

L'effectif des hommes vaut 20, le salaire médian des hommes est de 2 000 €. Les salaires des hommes étant tous différents, personne dans cette entreprise n'a un salaire de 2 000 €.
Il y a 10 hommes qui touchent plus de 2 000 € ainsi qu'une femme.
Au total, il y a dans cette entreprise 11 personnes qui gagnent plus de 2 000 € par mois.

Probabilités

1 Vocabulaire

• Une expérience est **aléatoire** quand les résultats appelés **issues** ne sont pas prévisibles à l'avance.

À retenir

Avant de commencer un exercice sur les probabilités, il faut toujours repérer toutes les **issues possibles**.

Exemple : Le jet d'un dé à 6 faces constitue une expérience aléatoire. Les issues possibles sont 1 ; 2 ; 3 ; 4 ; 5 ; 6.

• Un évènement est **impossible** s'il **ne se produit jamais**. Un évènement **certain se produit toujours**. L'évènement **contraire** d'un évènement A est l'évènement qui se produit lorsque A n'est pas réalisé. On le note « **non A** ». Deux évènements sont **incompatibles** lorsqu'ils ne peuvent se produire en même temps.

Exemple : Lors du jet d'un dé à six faces numérotées de 1 à 6, « obtenir 7 » est impossible. Le contraire de « obtenir un nombre pair » est « obtenir un nombre impair ».

2 Notion et calcul de probabilité

• Lorsque l'on répète un très grand nombre de fois la même expérience aléatoire dans les mêmes conditions, la fréquence de réalisation d'un évènement A va se rapprocher d'un nombre fixe que l'on appelle **probabilité de l'évènement A notée p(A)**.

• Remarque : avec un tableur, on simule avec alea.entre.bornes(;).

• Si toutes les issues ont la même probabilité de se réaliser, on dit qu'il y a **équiprobabilité**.

À retenir

Il y a **équiprobabilité** lorsque l'expérience n'est pas truquée.

Dans ce cas, on a $p(\text{A}) = \dfrac{\text{nombre d'issues où A est réalisé}}{\text{nombre total d'issues}}$.

Exemple : Le jet d'un dé non truqué à six faces numérotées de 1 à 6 constitue une situation d'équiprobabilité. On a alors p(obtenir 4) $= \dfrac{1}{6} \simeq 0{,}17$. On a environ 17 % de chance d'obtenir 4.

• Propriétés : A et B sont deux évènements incompatibles.
$0 \leqslant p(\text{A}) \leqslant 1$. $p(\text{A ou B}) = p(\text{A}) + p(\text{B})$. $p(\text{A}) + p(\text{nonA}) = 1$.

À retenir

$p(\text{nonA}) = 1 - p(\text{A})$

3 Arbre de probabilité

• Un **arbre** de probabilité est un schéma représentant toutes les issues. Chaque segment le composant est appelé une **branche**. On ajoute, sur la branche, la probabilité correspondante.

• Propriété : pour obtenir la probabilité d'une issue, on effectue le produit des probabilités des branches menant à cette issue.

Exemple : Voici, ci-dessous, l'arbre des probabilités d'une expérience aléatoire à deux étapes.

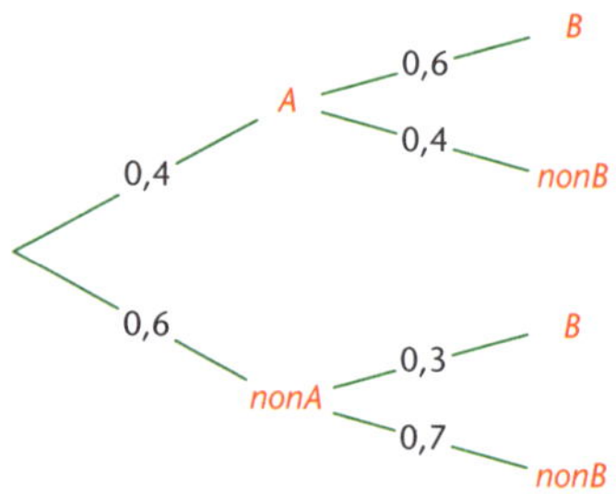

La probabilité d'obtenir A et B vaut 0,4 × 0,6 = 0,24. Celle d'obtenir non A et B vaut 0,6 × 0,3 = 0,18. Pour p(B), il faut suivre tous les chemins menant à B donc p(B) = 0,24 + 0,18 = 0,42.

4 Tableau de probabilité

• Pour représenter une expérience aléatoire à deux étapes, on peut aussi utiliser un **tableau à double entrée**. On obtient donc tous les couples de résultats possibles.

Exemple : On lance une pièce (côté « Pile » ou « Face »), puis on lance un dé cubique dont les faces sont numérotées de 1 à 6. Le tableau représentant cette expérience aléatoire est :

	1	2	3	4	5	6
Pile	(Pile, 1)	(Pile, 2)	(Pile, 3)	(Pile, 4)	(Pile, 5)	(Pile, 6)
Face	(Face, 1)	(Face, 2)	(Face, 3)	(Face, 4)	(Face, 5)	(Face, 6)

• Pour obtenir les probabilités, il suffit de dénombrer les cas :
– la probabilité d'obtenir « Pile » vaut 0,5 ;
– la probabilité d'obtenir « Pile » ou un numéro pair vaut $\frac{9}{12} = \frac{3}{4}$.

Calculer la probabilité

Sujet (d'après DNB Amérique du Nord, juin 2013)

Elsa souhaite s'équiper pour faire du roller.
Elle a le choix entre une paire de rollers gris à 87 € et une paire de rollers noirs à 99 €.
Elle doit aussi acheter un casque de protection et elle hésite entre trois modèles qui coûtent respectivement 45 €, 22 € et 29 €.

1. Si elle choisit son équipement (un casque et une paire de rollers) au hasard, quelle est la probabilité pour que l'ensemble lui coûte moins de 130 € ?
2. Elle s'aperçoit qu'en achetant la paire de rollers noirs et le casque à 45 €, elle bénéficie d'une réduction de 20 % sur l'ensemble.
   a. Calculez le prix en euros et centimes de cet ensemble après réduction.
   b. Cela modifie-t-il la probabilité obtenue à la question 1 ? Justifiez la réponse.

Avant de commencer

▶ Repérer le nombre d'étapes associé à cette expérience aléatoire.

▶ Tracer un arbre permettant de représenter toutes les issues possibles des choix d'Elsa.

▶ Le choix se fait au hasard ; on est dans une situation d'équiprobabilité.

▶ Dans le cas d'équiprobabilité,

$$p(\mathrm{A}) = \frac{\text{nombre d'issues où A est réalisé}}{\text{nombre total d'issues}}$$

▶ Diminuer un nombre de t %, c'est le multiplier par $\left(1 - \frac{t}{100}\right)$.

Déterminez le nombre d'étapes :

Elsa doit faire deux choix, il s'agit donc d'une expérience aléatoire à deux étapes.

Tracez l'arbre permettant de représenter le premier choix (rollers) et le second choix (casque) :

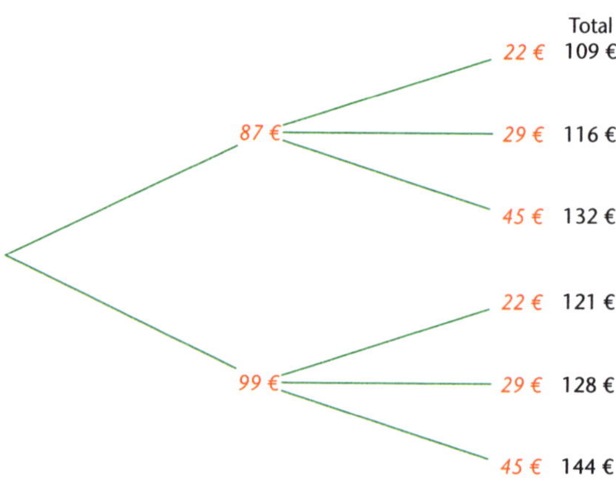

Calculez la probabilité demandée :

Il y a 4 coûts inférieurs à 130 € sur les 6 coûts.

$p(\text{prix} < 130\text{ €}) = \frac{4}{6} = \frac{2}{3}$.

Effectuez la réduction de 20 % ; traduisez la baisse de 20 % en une multiplication :

Le nouveau prix après une baisse de 20 % est de :

$(1 - \frac{20}{100}) \times 144\text{ €} = 115{,}20\text{ €}$.

La probabilité est modifiée car le prix passe en dessous de 130 €.

Statistiques et probabilités

THÈMES clés

Représentations graphiques d'une série statistique : fiche 17

Calculer une moyenne : fiche 18

Calculer une médiane : fiche 18

Calculer l'étendue : fiche 18

Calculer la probabilité d'un évènement : fiches 20 et 21

DÉFINITIONS clés

Moyenne : $\dfrac{\text{somme de toutes les valeurs}}{\text{nombre total de valeurs}}$.

Médiane *m* d'une série statistique ordonnée : une valeur qui partage cette série en deux séries de même effectif.

Étendue : valeur maximale – valeur minimale.

Équiprobabilité : toutes les issues ont la même chance de se produire.

Dans le cas d'équiprobabilité, on a :

$$p(\text{A}) = \frac{\text{nombre d'issues où A est réalisé}}{\text{nombre total d'issues}}.$$

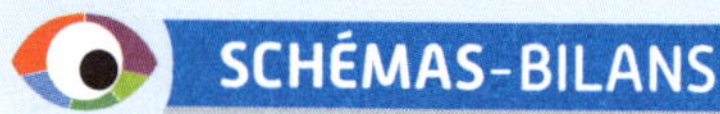

Généralités sur les probabilités

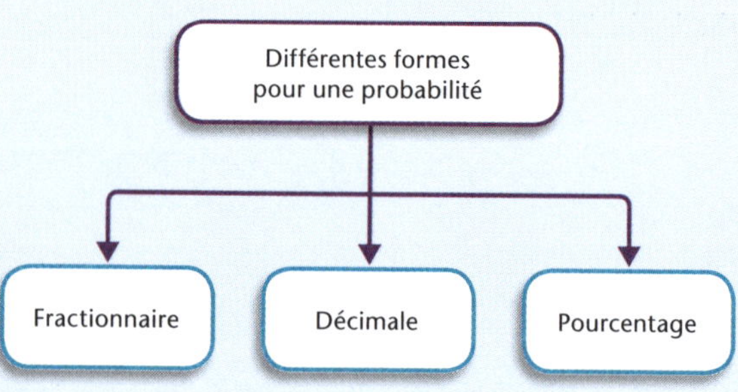

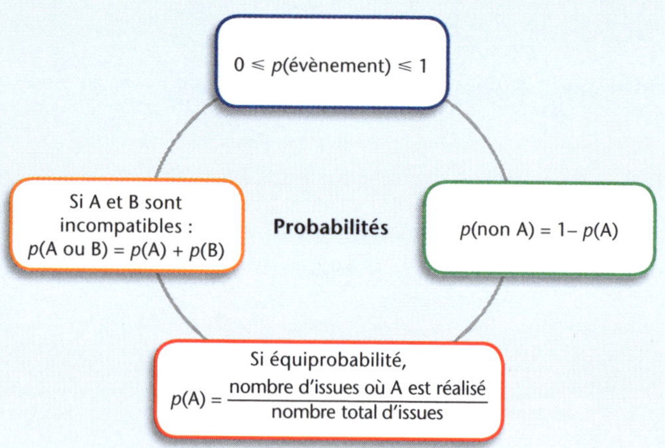

Quiz-bilan

FICHE 23

→ *Réponses au verso.*

1 La moyenne de la série 12 ; 11 ; 15 ; 13 est :

a. ☐ 12,5. b. ☐ 12,75. c. ☐ 12,25.

2 L'étendue de la série 8 ; 15 ; 3 ; 17 est :

a. ☐ 9. b. ☐ 12. c. ☐ 14.

3 La médiane de la série 3 ; 7 ; 8 ; 10 ; 10 est :

a. ☐ 8. b. ☐ 10. c. ☐ 7,5.

4 L'étendue de la série 12 ; 11 ; 15 ; 13 est :

a. ☐ 15. b. ☐ 1. c. ☐ 4.

5 La moyenne de la série 12 ; 8 ; 7 ; 10 ; 13 est :

a. ☐ 8. b. ☐ 9. c. ☐ 10.

6 Voici les notes d'Alex : 12 ; 10 ; 18 ; 17. Si l'on augmente toutes ses notes de 1 point, sa moyenne :

a. ☐ reste la même. b. ☐ augmente d'1 point.

7 Si l'on augmente d'un point toutes les notes d'une série de notes, l'étendue :

a. ☐ reste la même.

b. ☐ augmente d'1 point.

c. ☐ diminue d'1 point.

8 Pour un dé à six faces numérotées de 1 à 6, l'évènement « obtenir un nombre entier pair » est :

a. ☐ impossible. b. ☐ certain. c. ☐ probable.

9 Pour un dé à six faces numérotées de 1 à 6, l'évènement « obtenir un nombre entier supérieur à 7 » est :

a. ☐ impossible. b. ☐ certain. c. ☐ probable.

10 Lors du lancer d'un dé non truqué à six faces numérotées de 1 à 6, la probabilité d'obtenir un nombre pair vaut :

a. ☐ 0,5. b. ☐ $\frac{1}{6}$. c. ☐ $\frac{5}{6}$.

11 Dans un jeu de hasard, la probabilité de gagner vaut 0,25. La probabilité de perdre vaut :

a. ☐ 0,25. b. ☐ 0,85. c. ☐ 0,75.

12 On tire une carte au hasard dans un jeu de 32 cartes. Soit A l'évènement « tirer un cœur ». L'évènement non A est :

a. ☐ « tirer un trèfle ».
b. ☐ « tirer un carreau ».
c. ☐ « tirer un pique ».
d. ☐ « tirer un trèfle ou un carreau ou un pique ».

13 Un sac contient 2 boules jaunes et une boule rouge. On tire au hasard une boule dans ce sac. La probabilité de tirer une boule jaune vaut :

a. ☐ $\frac{1}{2}$. b. ☐ $\frac{1}{3}$. c. ☐ $\frac{2}{3}$.

14 La probabilité d'un évènement est un nombre :

a. ☐ plus petit que 1.
b. ☐ positif.
c. ☐ compris entre 0 et 1.

Réponses :

1 b - 2 c - 3 a - 4 c - 5 c - 6 b - 7 a - 8 c - 9 a - 10 a - 11 c - 12 d - 13 c - 14 c.

Proportionnalité

FICHE 24

1 Définitions

• Deux grandeurs sont dites **proportionnelles** quand on obtient l'une en multipliant (ou en divisant) l'autre par un même nombre non nul. Ce nombre est alors appelé **coefficient de proportionnalité**.

Exemple : Le périmètre d'un carré est proportionnel à la longueur du côté du carré.
Contre-exemple : L'aire d'un carré n'est pas proportionnelle à la longueur d'un de ses côtés.

• **Tableau de proportionnalité** : il s'agit d'un tableau contenant des données proportionnelles. Concrètement :

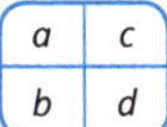

a	c
b	d

est un tableau de proportionnalité si et seulement si $ad = bc$.

2 Proportionnalités et graphiques

• Propriété graphique : une situation de proportionnalité est représentée par des **points alignés avec l'origine du repère**.

À retenir
Il faut faire un graphique précis pour pouvoir conclure.

• Réciproquement : si une situation est représentée graphiquement par des points alignés avec l'origine du repère, **alors c'est une situation de proportionnalité**.

Exemple 1 :
Les points A, B et C ne sont pas alignés avec l'origine du repère, c'est une situation de non-proportionnalité.

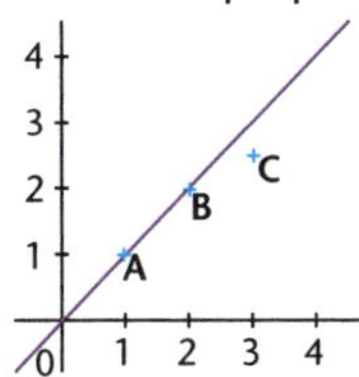

Exemple 2 :
Les points A, B et C sont alignés avec l'origine du repère, c'est une situation de proportionnalité.

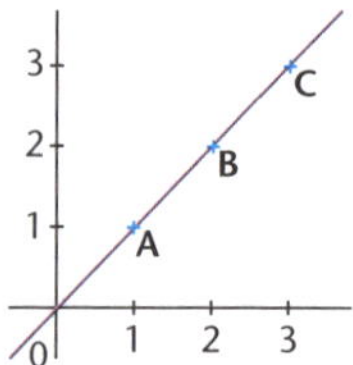

Exemple 3 :
Les points A, B et C sont alignés, mais pas avec l'origine du repère, c'est une situation de non-proportionnalité.

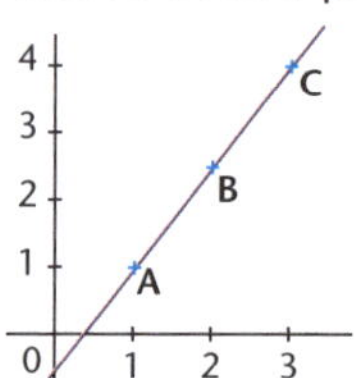

2 Pourcentages

- Appliquer un taux de pourcentage : t % de $x = \dfrac{t \times x}{100}$.

À retenir
Il faut être capable de calculer mentalement t % d'un nombre.

- **Propriétés :**
Augmenter un nombre de t %, c'est le multiplier par $\left(1 + \dfrac{t}{100}\right)$.

Diminuer un nombre de t %, c'est le multiplier par $\left(1 - \dfrac{t}{100}\right)$.

Exemple 1 : Une voiture coûte 5 000 €. Si les prix augmentent de 12 %, le nouveau prix de cette voiture sera de 5 600 € car $5\,000 \times \left(1 + \dfrac{12}{100}\right) = 5\,000 \times 1{,}12 = 5\,600$.

Exemple 2 : Un téléviseur coûte 200 €. Lors des soldes, le commerçant décide de baisser les prix de 15 %.
Le nouveau prix du téléviseur sera donc 170 € car
$200 \times \left(1 - \dfrac{15}{100}\right) = 200 \times 0{,}85 = 170$.

Fonctions : généralités

FICHE 25

1 La notion de fonction

- Une fonction f est un procédé de calcul qui, à un nombre x, associe un **unique** nombre $f(x)$. On note donc : $x \mapsto f(x)$.

À retenir

$x \mapsto f(x)$ est appelée la **forme algébrique** de la fonction.

Exemple : Le procédé de calcul permettant d'associer la longueur du côté d'un carré à l'aire du carré est une fonction. Si on la note f et que l'on note x la longueur du côté du carré, on a $f(x) = x^2$.

- Soit f une fonction. Si $f(x) = y$, on dit alors que :

y est **l'image** de x par f ;
x est **un antécédent** de y par f.

Exemple : Soit f la fonction définie par $f(x) = x^4$.
L'image de 0, notée $f(0)$, vaut $0^4 = 0$. On note alors $f(0) = 0$.
$f(2) = f(-2) = 16$.
Donc 2 et -2 sont les antécédents de 16 par f.

À retenir

L'image est unique. Il peut y avoir plusieurs antécédents.

- Un **tableau de valeurs** d'une fonction f est un tableau dans lequel figurent des valeurs de x et leurs images respectives par la fonction f.

Exemple :

x	0	4	-5	1
$f(x)$	3	1	2	2

L'image de 0 par la fonction f est 3.
On note $f(0) = 3$.
On a $f(-5) = f(1) = 2$.
Donc -5 et 1 sont les antécédents de 2 par la fonction f.

2 Représentation graphique

À retenir

Si l'on doit utiliser une représentation graphique, les résultats obtenus ne seront pas forcément exacts.

La **représentation graphique** ou **courbe représentative** d'une fonction f est constituée de l'ensemble des points de coordonnées $(x ; f(x))$.

Exemple : Voici, ci-dessous, la représentation graphique d'une fonction f.

On se propose de déterminer l'image de 2 et les antécédents de 2.

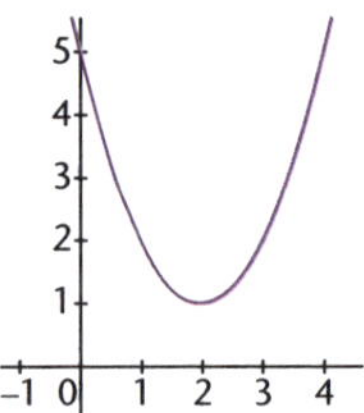

L'image de 2 par la fonction f est 1. On note $f(2) = 1$.

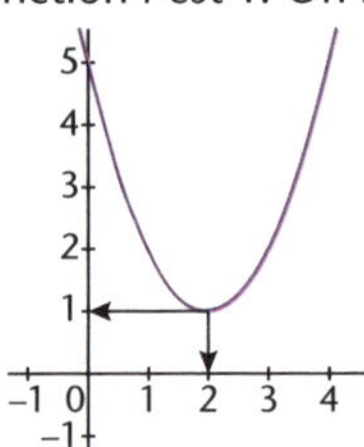

On trace la droite d'équation $y = 2$, puis on cherche les abscisses des points d'intersection de cette droite avec la représentation graphique.

On a donc $f(1) = f(3) = 2$. Les antécédents recherchés sont 1 et 3.

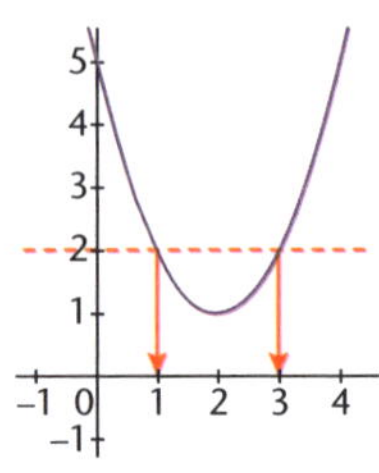

Fonctions linéaires et affines

FICHE 26

1 Fonctions linéaires

- Soit a un nombre réel. La fonction linéaire f de coefficient a est la fonction qui, à tout nombre x, fait correspondre le nombre ax.
On notera alors $f(x) = ax$
ou $f : x \mapsto ax$.

À retenir
Cela correspond en fait à une « machine à multiplier » par a.

Exemple : La fonction f définie par $f(x) = -3x$ est une fonction linéaire de coefficient –3.
L'image de 2 par f vaut $f(2) = -3 \times 2 = -6$.

- Propriété : le tableau de valeurs d'une fonction linéaire est un **tableau de proportionnalité**. Les fonctions linéaires sont donc associées à des situations de proportionnalité.

Exemple : Soit f la fonction linéaire de coefficient 2. On a $f(x) = 2x$.
Ce tableau de valeurs est un tableau de proportionnalité de coefficient 2.

x	0	2	–3
$f(x)$	0	4	–6

- La représentation graphique d'une fonction linéaire f de coefficient a est **une droite passant par l'origine du repère**.

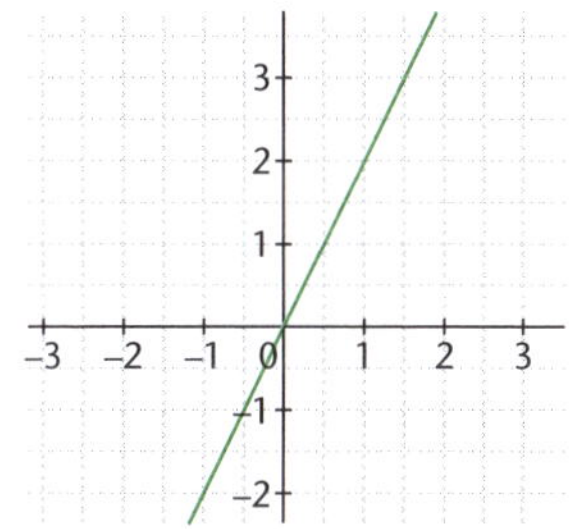

À retenir
Pour chercher l'image d'un nombre différent de zéro, on choisit, si possible, un nombre qui permet d'obtenir rapidement un résultat entier.

Exemple : Soit f la fonction linéaire de coefficient 2.
Sa représentation graphique est une droite passant par l'origine du repère.
Pour la tracer, on cherche l'image d'un nombre différent de 0.
On a $f(1) = 2 \times 1 = 2$. La droite relie donc (0 ; 0) à (1 ; 2).

2 Fonctions affines

À retenir

Une fonction linéaire est toujours affine. En effet, $b = 0$. Une fonction affine n'est pas toujours linéaire. Par exemple $f : x \mapsto x + 1$ est affine non linéaire.

- Soit a et b deux nombres réels fixés.
- La fonction **affine** f de coefficients a et b est la fonction qui à tout nombre x fait correspondre le nombre $ax + b$.
On notera alors $f(x) = ax + b$ ou $f : x \mapsto ax + b$.

- **Cas particuliers :**
Si $a = 0$, alors f s'écrit $f(x) = b$. f est donc une fonction constante.
Si $b = 0$, alors f s'écrit $f(x) = ax$. f est donc une fonction linéaire.

Exemple : $f : x \mapsto 2x - 1$ est une fonction affine de coefficients 2 et –1.

- La représentation graphique d'une fonction affine $f : x \mapsto ax + b$ est une **droite**. Le coefficient **a est le coefficient directeur** de cette droite. Le coefficient **b est l'ordonnée à l'origine** de cette droite. Le point (0 ; b) appartient à cette droite.

Exemple 1 : $f : x \mapsto x - 2$
f est une fonction affine de coefficients $a = 1$ et $b = -2$.
Sa représentation graphique est une droite. Elle passe par le point (0 ; –2).
Pour obtenir un deuxième point, on peut calculer
$f(1) = 1 \times 1 - 2 = 1 - 2 = -1$

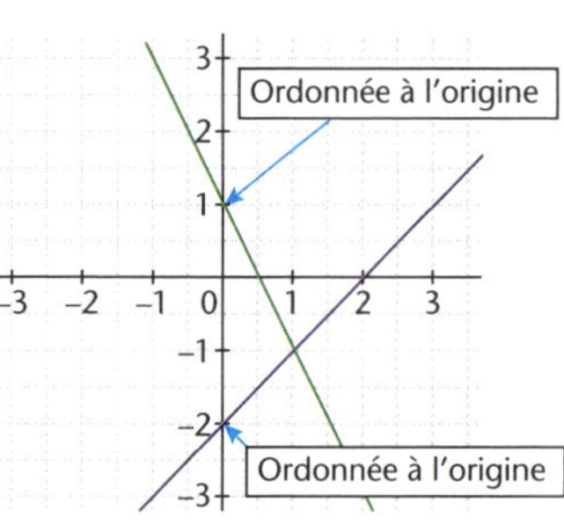

La droite passe par (1 ; –1). On trace ensuite la droite passant par ces deux points (en violet dans le repère).

Exemple 2 :
$g : x \mapsto -2x + 1$.
La fonction g est affine de coefficients –2 et 1.
Sa représentation graphique est une droite. Elle passe par le point (0 ; 1). Pour obtenir le deuxième point, on peut calculer $f(1) = -2 \times 1 + 1 = -2 + 1 = -1$.
La droite passe par (1 ; –1). On trace ensuite la droite passant par ces deux points (en vert dans le repère).

Tracer une fonction affine ou linéaire

Sujet (d'après DNB Asie, juin 2011)

En physique, la tension U aux bornes d'une résistance est proportionnelle à l'intensité I du courant qui la traverse, c'est-à-dire $U = R \times I$, où R (valeur de la résistance) est le coefficient de proportionnalité. On appelle cette formule la loi d'Ohm.

Intensité I en ampères	0,02	0,03	0,04	0,08
Tension U en volts	3	4,5	6	12

1. Vérifiez que ce tableau est un tableau de proportionnalité.
2. Quelle est la valeur du coefficient de proportionnalité ?

On nomme f la fonction qui donne la tension U en fonction de l'intensité I.

3. Précisez la nature de f et donnez son expression algébrique.
4. Dans un repère, tracez la représentation graphique de la fonction f.

Avant de commencer

► Pour vérifier qu'un tableau est un tableau de proportionnalité, on va diviser les nombres de la seconde ligne par les nombres de la première ligne. Si tous les quotients sont égaux, il y a proportionnalité.

► Une situation de proportionnalité est associée à une fonction linéaire.

► Pour tracer la représentation graphique d'une fonction linéaire, il faut calculer l'image d'un nombre a différent de 0, puis tracer la droite passant par l'origine du repère et le point $(a\ ;\ f(a))$.

Calculez les quotients des nombres de la seconde ligne par ceux de la première ligne :

$\frac{3}{0,02} = 150$; $\frac{4,5}{0,03} = 150$; $\frac{6}{0,04} = 150$ et $\frac{12}{0,08} = 150$.

Comparez les quotients :

Les quatre quotients sont égaux entre eux. Le tableau est donc un tableau de proportionnalité.

Calculez le coefficient de proportionnalité :

Le coefficient de proportionnalité est égal aux quotients communs, c'est-à-dire 150. On a donc $R = 150$.

Trouvez la nature de *f* :

On est dans une situation de proportionnalité ; la fonction associée à cette situation est donc une fonction linéaire.
Le coefficient de proportionnalité vaut 150. L'expression algébrique de la fonction f est donc $f(x) = 150x$.

Représentez le graphique de la fonction *f* :

La fonction f étant linéaire, sa représentation graphique est une droite passant par l'origine du repère.
On sait que $f(1) = 150$.
On trace donc la droite passant par O (0 ; 0) et par le point de coordonnées (1 ; 150).

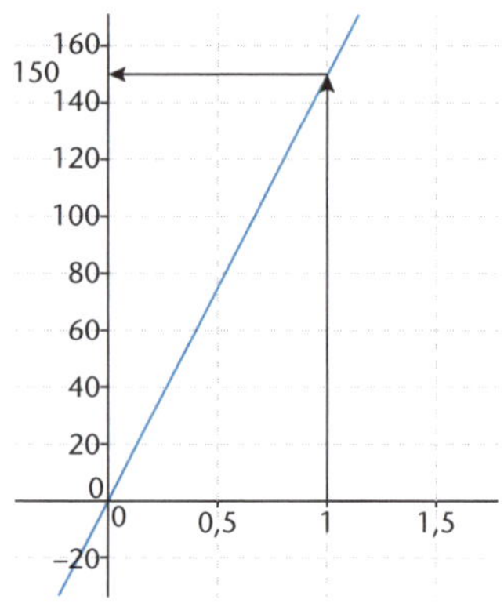

BILAN

Proportionnalité et fonctions

THÈMES clés

Proportionnalité : fiches 24 et 26

Notion d'images et d'antécédents : fiche 25

Fonctions linéaires et affines : fiches 26 et 27

DÉFINITIONS clés

Une fonction est déterminée par un tableau de valeurs ou une expression algébrique.

Une fonction linéaire est une « machine à multiplier » par un même nombre a. Son expression algébrique est $f(x) = ax$. Sa représentation graphique est une droite passant par l'origine du repère. Elle modélise une situation de proportionnalité.

Expression algébrique d'une fonction affine : $f(x) = ax + b$ où a et b sont connus et fixés. Si $b \neq 0$, elle n'est pas associée à une situation de proportionnalité. Sa représentation graphique est une droite.

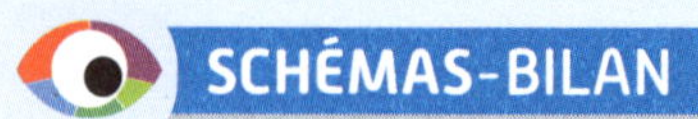

Calculs et pourcentages

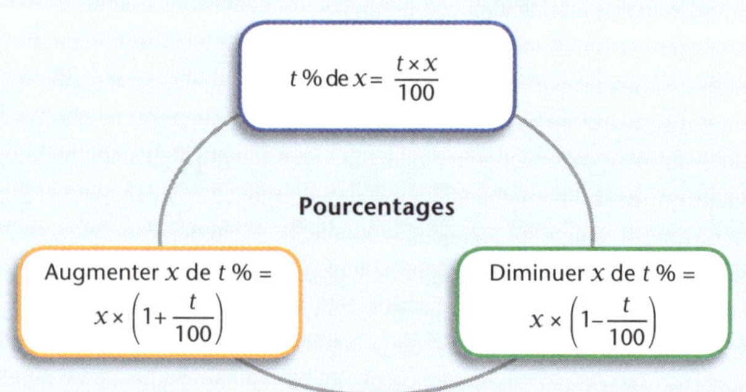

Les fonctions

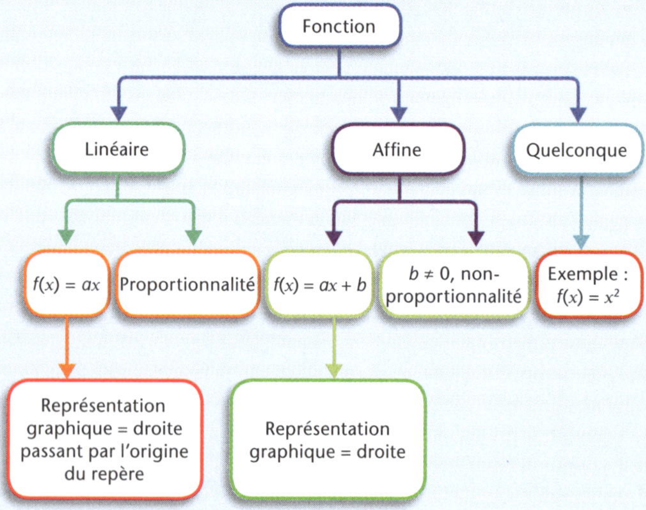

- Fonction
  - Linéaire
    - $f(x) = ax$
      - Représentation graphique = droite passant par l'origine du repère
    - Proportionnalité
  - Affine
    - $f(x) = ax + b$
      - Représentation graphique = droite
    - $b \neq 0$, non-proportionnalité
  - Quelconque
    - Exemple : $f(x) = x^2$

Quiz-bilan

→ *Réponses au verso.*

1 Une télévision coûte 150 €. Les prix augmentent de 15 %. Son nouveau prix est de :

a. ☐ 165 €. b. ☐ 172,50 €. c. ☐ 127,50 €.

2 Une augmentation de 15 % peut se traduire par la fonction f dont l'expression algébrique est :

a. ☐ $f(x) = x + 1{,}15$. b. ☐ $f(x) = 1{,}15x$. c. ☐ $f(x) = 0{,}15x$.

3 Une réduction de 10 % peut se traduire par la fonction f dont l'expression algébrique est :

a. ☐ $f(x) = x + 0{,}9$. b. ☐ $f(x) = 1{,}1x$. c. ☐ $f(x) = 0{,}9x$.

4 La fonction f dont l'expression algébrique est $f(x) = -x + 5$ est :

a. ☐ linéaire. b. ☐ affine. c. ☐ ni affine, ni linéaire.

5 Soit f la fonction définie par $f(x) = 8x - 7$. L'image de 0 vaut :

a. ☐ -7. b. ☐ $\frac{7}{8}$. c. ☐ 73.

6 La représentation graphique d'une fonction linéaire est :

a. ☐ une droite.

b. ☐ une droite passant par l'origine du repère.

7 La fonction f définie par $f(x) = 2x^2$ est :

a. ☐ affine. b. ☐ linéaire. c. ☐ quelconque.

8 **Soit f une fonction. Si $f(3) = 5$, alors :**

a. ☐ 3 est l'image de 5.
b. ☐ 5 est l'antécédent de 3.
c. ☐ 3 est l'antécédent de 5.

9 **La fonction g définie par $g(x) = 1{,}2x$ traduit :**

a. ☐ une diminution de 20 %.
b. ☐ une augmentation de 20 %.
c. ☐ une augmentation de 120 %.

10 **La représentation graphique d'une fonction affine non linéaire est :**

a. ☐ une droite ne passant pas par l'origine du repère.
b. ☐ une droite passant par l'origine du repère.

11 **L'image de –1 par la fonction f définie par $f(x) = 2x^2$ est :**

a. ☐ –2. b. ☐ 2. c. ☐ 1.

12 **La fonction $f(x) = 0{,}75x$ traduit :**

a. ☐ une diminution de 75 %.
b. ☐ une diminution de 25 %.
c. ☐ une augmentation de 25 %.

13 **La fonction f définie par $f(x) = x(x + 1)$ est :**

a. ☐ linéaire. b. ☐ affine. c. ☐ ni linéaire, ni affine.

Réponses :

1 b – 2 b – 3 c – 4 b – 5 a – 6 b – 7 c – 8 c – 9 b – 10 a – 11 b – 12 b – 13 c.

Grandeurs composées

FICHE 30

1 Grandeur produit

a. Définition

Le produit de deux grandeurs est appelé **grandeur produit**.

Exemple 1 : L'aire d'un carré est une grandeur produit.

Exemple 2 : La tension U aux bornes d'une résistance R traversée par un courant d'intensité I est elle aussi une grandeur produit. En effet, la loi d'Ohm donne $U = RI$. Si la résistance vaut 10 Ω et $I = 5$ A, alors $U = 50$ ΩA $= 50$ V.

b. Application : calcul des volumes usuels

- Pyramide et cône de révolution :

$$\text{Volume} = \frac{\text{aire de la base} \times \text{hauteur}}{3}$$

Pyramide à base carrée

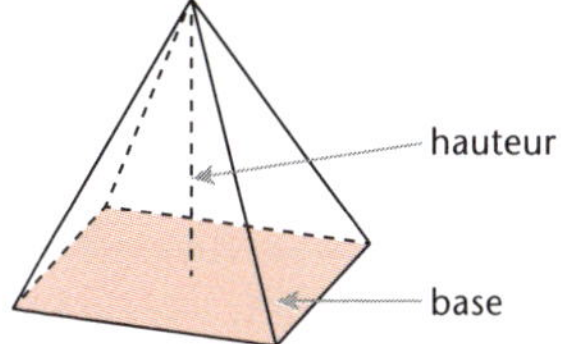

Cône de révolution

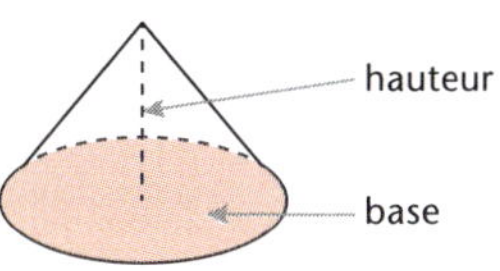

- Boule de rayon R :

$$\text{Volume} = \frac{4 \times \pi \times R^3}{3}$$

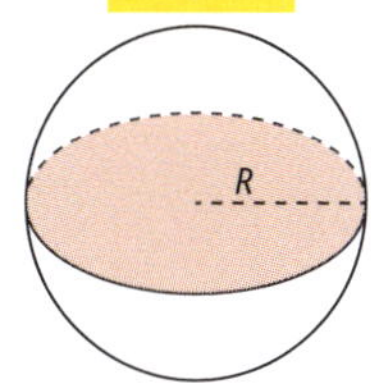

- Cylindre de révolution :

$$\text{Volume} = \pi \times R^2 \times \text{h}$$

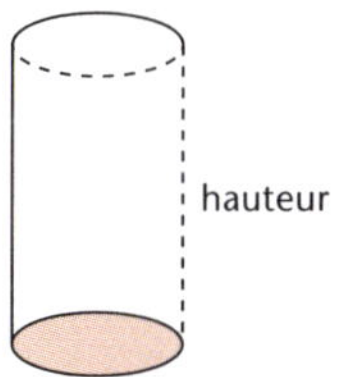

2 Grandeur quotient

Le quotient de deux grandeurs est appelé **grandeur quotient**.

Exemple 1 : La vitesse moyenne V est une grandeur quotient. En effet, c'est le quotient de la distance d parcourue par la durée t du parcours, $V = \frac{d}{t}$.
Si la distance parcourue est de 5 km en 5 minutes, alors la vitesse est de 1 km/min.

Exemple 2 : Le débit d'un robinet est une grandeur quotient. En effet, c'est le quotient d'un volume d'eau par la durée d'ouverture du robinet.
Si le débit d'un robinet est de 2 L/s, cela signifie qu'en 1 seconde, il s'écoule 2 litres d'eau.

3 Changements d'unités

À retenir

Dans un énoncé, si l'on utilise différentes unités, il faudra d'abord les uniformiser.

- **Conversions de base :**

– 1 m^3 = 1 000 L et 1 L = 1 dm^3 ;
– 1 are = 100 m^2 et 1 hectare = 10 000 m^2 ;
– 1 m = 10 dm = 100 cm ;
– 1 km = 10 hm = 100 dam = 1 000 m.

Exemple 1 : Une piscine de 18 m^3 contient 18 000 L d'eau.

Exemple 2 : Une bouteille de 1,5 dm^3 de soda contient 1,5 L de soda.

Exemple 3 : 12 hectares représentent 120 000 m^2.

À retenir

Il ne faut pas confondre l'écriture décimale d'une durée et l'écriture en heures minutes et secondes d'une durée.
Ainsi, 1,5 h ≠ 1 h 50 min.

- **Conversions de durée :**

1 min = 60 s donc 1 min = $\frac{1}{60}$ h.
1 h = 60 min = 3 600 s.

Exemple 1 :
$$\begin{aligned} 1 \text{ h } 33 \text{ min} &= 60 \text{ min} + 33 \text{ min} \\ &= 93 \text{ min} \\ &= \frac{93}{60} \text{ h} \\ &= 1{,}55 \text{ h.} \end{aligned}$$

Exemple 2 :
$$\begin{aligned} 4{,}6 \text{ h} &= 4{,}6 \times 60 \text{ min} \\ &= 276 \text{ min} \\ &= 276 \times 60 \text{ s} \\ &= 16\,560 \text{ s.} \end{aligned}$$

Exercice commenté pas à pas

Effectuer des changements d'unités

Sujet (d'après DNB Amérique du Nord, juin 2014)

Le débit moyen q d'un fluide dépend de la vitesse moyenne v du fluide et de l'aire de la section d'écoulement d'aire S.
Il est donné par la formule suivante : $q = S \times v$.
q est exprimé en $m^3.s^{-1}$.
S est exprimée en m^2.
v est exprimée en $m.s^{-1}$.
On considère que la vitesse moyenne v d'écoulement de l'eau est de 2,8 $m.s^{-1}$.
La section d'écoulement a la forme d'un disque de rayon R = 30 cm.

1. Quelle est l'aire en m^2 de la section d'écoulement ?
2. Déterminez le débit moyen arrondi au millième.
3. Combien de secondes faut-il pour remplir une cuve de capacité 756 m^3 ?
4. Combien de minutes cela représente-t-il ?

Avant de commencer

- Unités de vitesse : $\mathbf{m.s^{-1} = m/s}$.
- Unités de débit : $\mathbf{m^3.s^{-1} = m^3/s}$.
- L'aire d'un disque de rayon R est donnée par la formule $\pi \times R^2$.
- Conversions d'aires : **1 m^2 = 100 dm^2 = 10 000 cm^2.**
- Conversions de durées : **1 min = 60 s.**
- $\pi \approx$ **3,14.**

➜ Calculez l'aire du disque en utilisant une valeur exacte :

$S = \pi \times R^2 = 900\ \pi\ \text{cm}^2$.

➜ Convertissez en m² :

$S = 0{,}09\ \pi\ \text{m}^2$. L'aire exacte est de $0{,}09\ \pi\ \text{m}^2$.

➜ Déterminez le débit moyen à l'aide de la formule de l'énoncé :

$$q = S \times v = 0{,}09\ \text{m}^2 \times 2{,}8\ \frac{\text{m}}{\text{s}}$$

$$= 0{,}252\ \pi\ \frac{\text{m}^3}{\text{s}}$$

$$\approx 0{,}791\ 68\ \text{m}^3/\text{s}.$$

➜ Arrondissez le résultat au millième :

$q \approx 0{,}792\ \text{m}^3/\text{s}$. Le débit moyen arrondi au millième est de $0{,}792\ \text{m}^3/\text{s}$.

➜ Calculez la durée en utilisant le débit :

$$q = \frac{\text{volume d'eau}}{\text{durée}} \text{ donc } 0{,}792 = \frac{756}{\text{durée}}.$$

On obtient durée $= \dfrac{756}{0{,}792} \approx 954{,}6 \approx 955$ s.

Le remplissage d'une cuve de capacité $756\ \text{m}^3$ prendra environ 955 s.

➜ Convertissez cette durée en minutes :

Durée $= \dfrac{955}{60} \approx 15{,}9$ min. Le remplissage dure donc environ 15,9 minutes.

Agrandissement et réduction

FICHE 32

1 Définitions

• Si deux figures ont la même forme et **des longueurs proportionnelles**, on dit que l'une est un **agrandissement** ou une **réduction** de l'autre.

• Autre formulation : si l'on multiplie par un nombre k strictement positif les longueurs d'une figure F, on obtient une figure F′ qui est :

– un **agrandissement** de F si $k > 1$;

– une **réduction** de F si $k < 1$.

À retenir

k est appelé coefficient d'agrandissement ou de réduction.

Exemple :

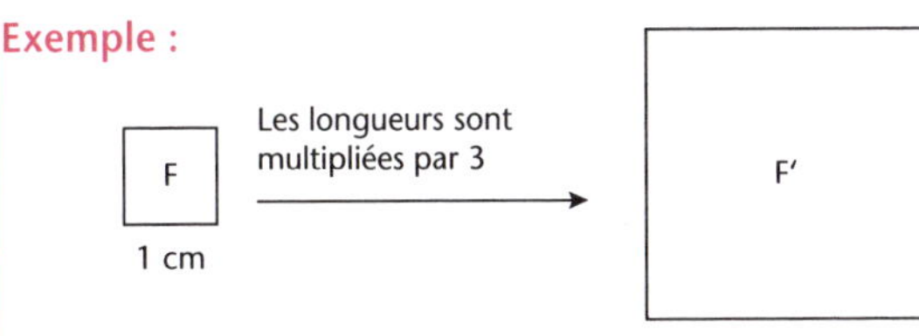

F′ est un agrandissement de F de rapport 3.

On peut aussi dire que F est une réduction de F′ de rapport $\frac{1}{3}$.

• Obtention du coefficient de réduction ou d'agrandissement :

– Coefficient de réduction $= \dfrac{\text{longueur réduite}}{\text{longueur initiale}}$.

– Coefficient d'agrandissement $= \dfrac{\text{longueur agrandie}}{\text{longueur initiale}}$.

2 Notion d'échelle

Sur une carte ou un plan, **les dimensions sont proportionnelles aux dimensions réelles**. L'**échelle** est le **coefficient de proportionnalité** permettant d'obtenir les dimensions sur la carte en fonction des dimensions réelles.

Échelle $= \dfrac{\text{longueur lue}}{\text{longueur réelle}}$.

À retenir

Les longueurs doivent être exprimées dans la même unité.

3 Propriétés

Un agrandissement ou une réduction **conserve le parallélisme**, **l'alignement** des points et **les mesures d'angles**.

Exemple : Si A'B'C' est une réduction du triangle ABC et si $\widehat{ABC} = 35°$ alors $\widehat{A'B'C'} = 35°$.

a. Propriété sur les aires

À retenir

$k^2 = k \times k$.

Si l'on agrandit ou réduit une figure en multipliant les longueurs par un coefficient k strictement positif, alors **l'aire est multipliée par k^2**.

Exemple : Le carré F a une aire d'1 cm^2.
Le coefficient d'agrandissement vaut 3, l'aire du carré F' vaut donc $3^2 \times 1 = 9$ cm^2.

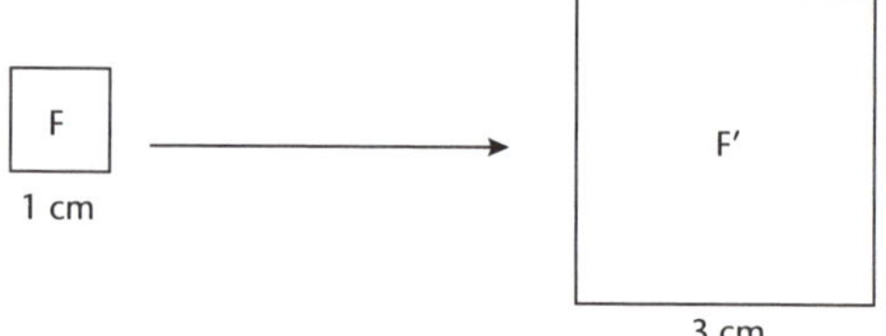

b. Propriété sur les volumes

$k^3 = k \times k \times k$.

Si l'on agrandit ou réduit une figure en multipliant les longueurs par un coefficient k strictement positif, alors **le volume est multiplié par k^3**.

Exemple :

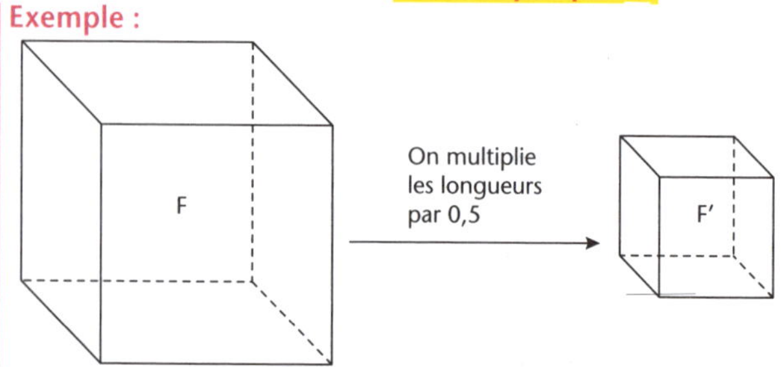

Le volume de F' vaut $0{,}5^3$ le volume de F.

Repérage

FICHE 33

1 Repérage sur une droite

Une droite est dite **graduée**, lorsqu'elle est munie d'une **origine** appelée O et d'une **unité** que l'on reporte régulièrement. Ainsi, tout point de cette droite est repéré par un unique nombre appelé **abscisse** du point.

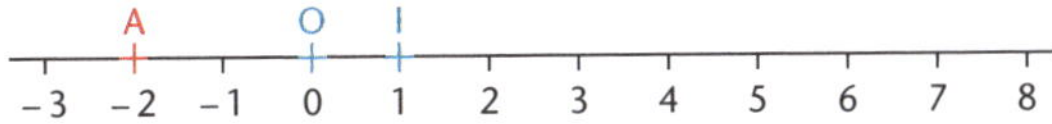

A a pour abscisse –2 et on note A(–2).

2 Repérage dans un plan muni d'un repère orthogonal

• Un plan muni d'un **repère orthogonal** est la donnée de deux droites graduées ayant la même origine O et étant perpendiculaires. On obtient alors :

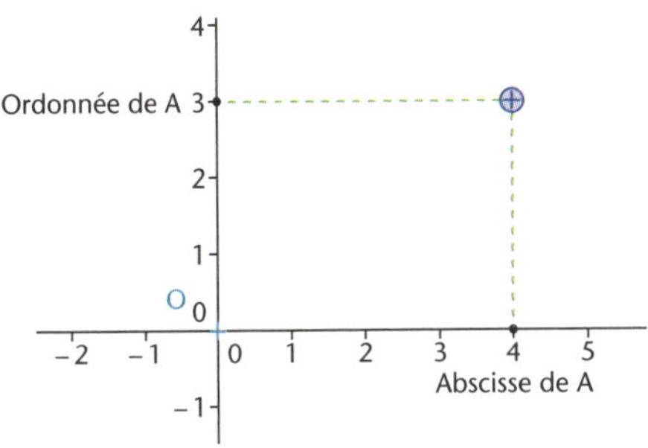

• En premier, on donne la coordonnée horizontale appelée **abscisse**, puis on donne la coordonnée verticale appelée **ordonnée**. On a donc : A(4 ; 3)

3 Repérage dans un parallélépipède rectangle

• Lorsque l'on a un parallélépipède rectangle, on peut définir un repère de l'espace en procédant comme cela : origine B, unité des abscisses C, unité des ordonnées A et unité des hauteurs F.

• Les coordonnées d'un point sont données par le triplet (abscisse ; ordonnée ; hauteur).

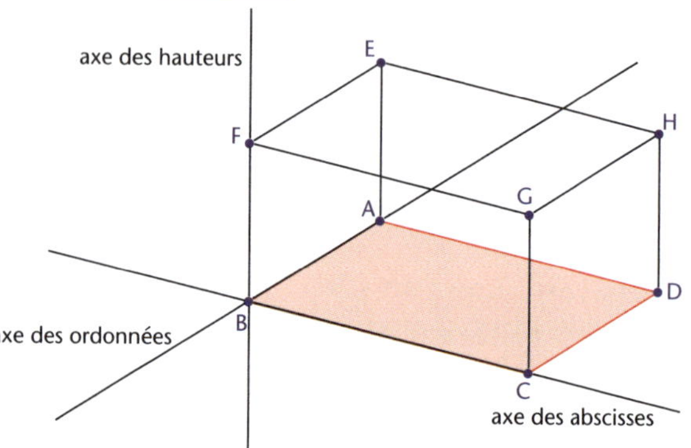

4 Repérage sur la Terre assimilée à une sphère

• On utilise un maillage constitué de cercles. Les « axes » sont l'équateur et le méridien (demi-cercle passant par les pôles) de Greenwich.

• L'abscisse correspond à l'angle entre le méridien de Greenwich et le méridien du point orienté Ouest ou Est. On l'appelle la **longitude**. **La longitude du point violet est 43,96°E.**

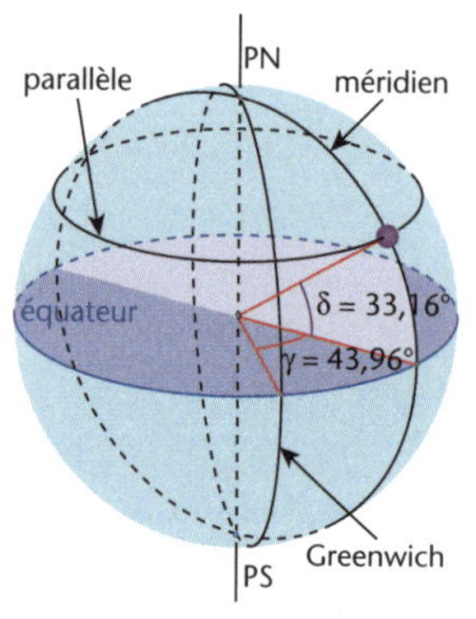

• L'ordonnée correspond à l'angle entre l'équateur et le parallèle du point orienté Nord ou Sud. On l'appelle la **latitude**. **La latitude du point violet est 33,16°N.**

• La donnée de la longitude et de la latitude permet de repérer de manière unique un point sur la terre.

Exercice commenté pas à pas

Se repérer sur la Terre

Sujet

Zoé se trouve au point de longitude 30°E et de latitude 30°N.
Sabrina se trouve au point de longitude 30°E et de latitude 100°N.
On considère que la Terre est une boule de rayon 6 000 km.
Quelle distance doit parcourir Zoé pour rejoindre Sabrina ?

Avant de commencer

- Se rappeler le système de coordonnées sur la sphère à l'aide des **longitudes** et **latitudes**.
- Se rappeler la définition d'un méridien.
- Le périmètre d'un cercle de rayon R est donné par la formule : $\mathbf{2\pi R}$.
- $\pi \approx$ **3,14.**

Faites une figure :

On fait une figure à main levée, en perspective cavalière.
On fait apparaître le méridien de Greenwich et l'équateur, puis, on positionne les points représentant la position de Zoé et de Sabrina.

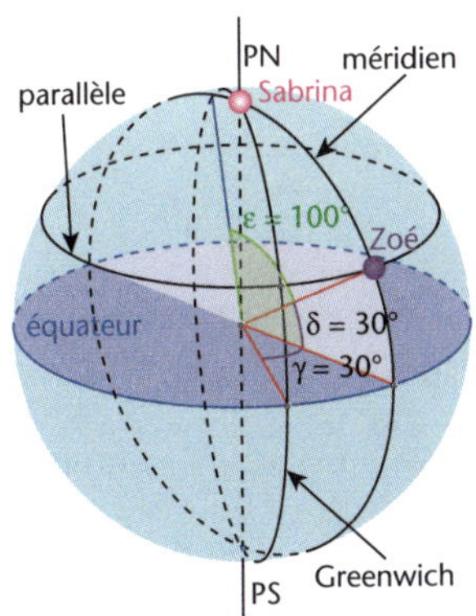

Faites apparaître un plan intéressant :

Sabrina et Zoé sont sur un même méridien : en effet, elles ont la même longitude.
On se ramène donc à la figure plane suivante :

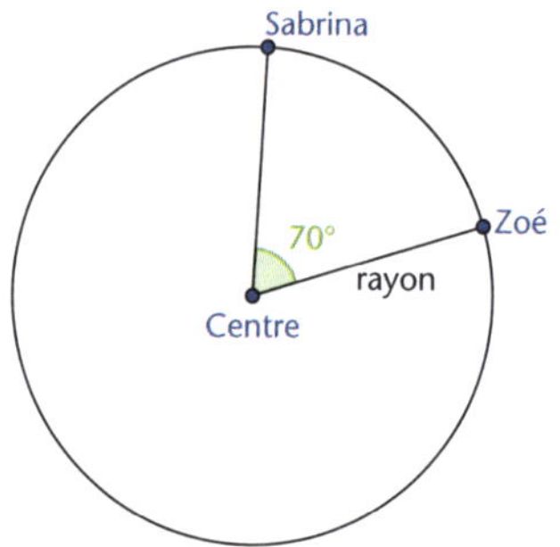

La latitude de Sabrina est 100°N et celle de Zoé est 30°N : l'angle entre les deux est donc de 70°.

Traduisez le problème :

On cherche à calculer la longueur de l'arc ayant pour centre le centre de la Terre et joignant Zoé à Sabrina.
Il y a proportionnalité entre la longueur de l'arc de cercle et son angle au centre.
Le tableau suivant est donc un tableau de proportionnalité

Longueur de l'arc	?	$2\pi R$
Mesure de l'angle	70°	360°

À retenir

Si l'angle de l'arc vaut 360°, la longueur de l'arc vaut le périmètre du cercle.

On a donc

$$? = 70 \times \frac{2\pi R}{360} \approx 7\ 326$$

Concluez :

Zoé doit parcourir 7 326 km pour rejoindre Sabrina.

Angles et parallélogrammes

1 Les angles

a. Vocabulaire

- Les deux angles verts déterminés par (d), (d') et par la sécante (Δ) sont dits **alternes-internes**.

- Les deux angles rouges déterminés par (d), (d') et par la sécante (Δ) sont dits **correspondants**.

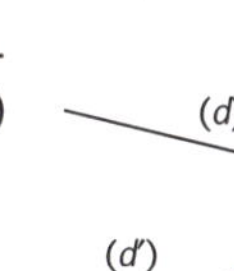

b. Caractérisation du parallélisme

- Si deux angles **alternes-internes** ont la **même mesure**, alors les deux droites coupées par la sécante sont **parallèles**.

- Si deux angles **correspondants** ont la **même mesure**, alors les deux droites coupées par la sécante sont **parallèles**.

À retenir

On dit alternes-internes, car ils sont à l'intérieur de (d) et (d'), et de part et d'autre de (Δ).

c. Réciproque

Si les deux droites coupées par une sécante sont **parallèles**, alors elles déterminent des :
- angles alternes-internes de la même mesure ;
- angles correspondants de la même mesure.

2 Parallélogramme

a. Définition

C'est un quadrilatère ayant ses côtés opposés parallèles.

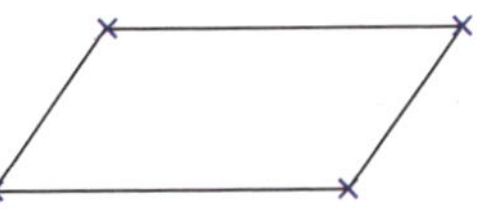

b. Propriétés

Un parallélogramme a :
- ses **diagonales** qui se coupent en leur milieu ;
- ses **côtés opposés** de la même longueur ;
- ses **angles opposés** de la même mesure.

c. Caractérisation d'un parallélogramme

À retenir

Un quadrilatère croisé a la forme d'un sablier ou d'un papillon.

On utilise la définition, ou les propriétés suivantes.
Pour un quadrilatère non croisé :

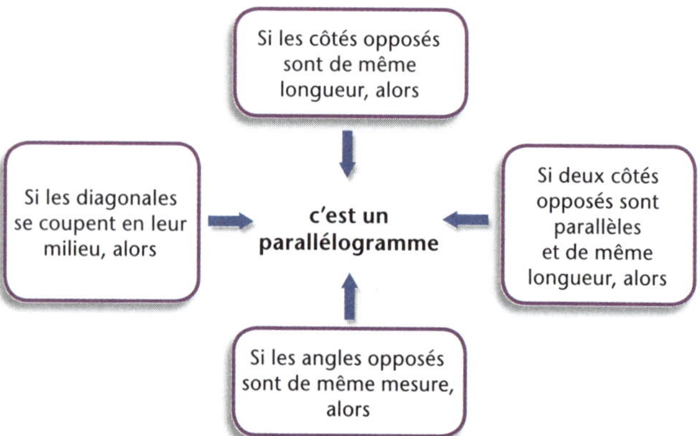

3 Parallélogrammes particuliers

a. Le losange

- Il s'agit d'un **quadrilatère** ayant ses **4 côtés de même longueur**. C'est un **parallélogramme** et il a ses **diagonales perpendiculaires**.

- Propriété : un quadrilatère non croisé dont les diagonales se coupent perpendiculairement en leur milieu est un losange.

b. Le rectangle

- Il s'agit d'un **quadrilatère** ayant ses **4 angles droits**. C'est un **parallélogramme** et **ses diagonales ont la même longueur**.

- Propriété : un quadrilatère non croisé dont les diagonales ont la même longueur et se coupent en leur milieu est un rectangle.

c. Le carré

- Il s'agit d'un **quadrilatère** qui est **à la fois un losange et un rectangle**. C'est un **parallélogramme**. Il a **ses diagonales de la même longueur et perpendiculaires**.

- Propriété : un quadrilatère non croisé dont les diagonales se coupent en leur milieu, ont la même longueur et sont perpendiculaires est un carré.

Triangles

FICHE 36

1 Inégalité triangulaire et définitions

• Propriété : dans un triangle, la longueur d'un côté est toujours inférieure à la somme des longueurs des deux autres côtés. S'il y a égalité, c'est que les trois points sont alignés.

• Conséquence : pour pouvoir **construire** un triangle, il faut que la longueur du plus grand côté soit inférieure à la somme des deux autres longueurs.

• Définitions :
– Un triangle est **isocèle** si deux de ses côtés ont la même longueur.
– Un triangle est **équilatéral** si ses trois côtés ont la même longueur.
– Un triangle est dit **rectangle** lorsque l'un de ses angles est droit.

2 Angles d'un triangle

La somme des mesures des angles d'un triangle vaut 180°.
Cette propriété permet d'obtenir une mesure d'angle connaissant les deux autres mesures.

3 Droites remarquables

a. Médiatrices d'un triangle

• La **médiatrice** d'un côté d'un triangle est la droite perpendiculaire à ce côté en son milieu.

• Les médiatrices d'un triangle sont concourantes en le **centre du cercle circonscrit** au triangle.

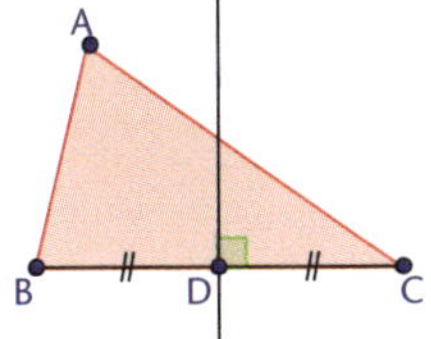

b. Hauteurs d'un triangle

• La **hauteur** relative à un côté d'un triangle est la droite perpendiculaire à ce côté qui passe par le sommet opposé à ce côté.

• Les hauteurs d'un triangle sont concourantes en un point que l'on nomme **l'orthocentre.**

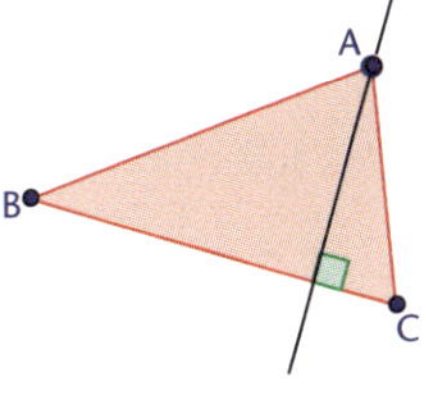

4 Triangles semblables et égaux

a. Triangles égaux

Deux triangles sont dits **égaux** lorsqu'on peut les superposer par glissement ou retournement.

Exemple : les deux triangles ci-contre sont égaux.
Propriété : deux triangles égaux ont leurs côtés égaux et leurs angles égaux.

b. Triangles semblables

• Deux triangles sont **semblables** si les angles de l'un sont égaux aux angles de l'autre.

• Propriété : si deux triangles sont semblables, alors les longueurs des côtés de l'un sont proportionnelles aux longueurs des côtés de l'autre.

• Propriété caractérisant des triangles semblables :
Si les longueurs des côtés d'un triangle sont proportionnelles aux longueurs des côtés d'un autre triangle, alors les deux triangles sont semblables.

Exemple :
Les triangles ABC et A'B'C' sont semblables, en effet $b' = 2b$, $c' = 2c$ et $a' = 2a$.

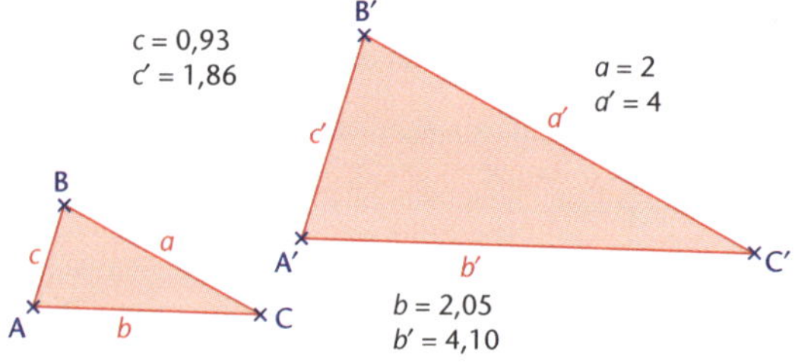

Théorème de Pythagore et sa réciproque

FICHE 37

1 Vocabulaire

Dans un triangle ABC rectangle en A, l'**hypoténuse** est le côté en face de l'angle droit, ici [BC]. Les autres côtés [AC] et [BA] sont les **côtés de l'angle droit**.

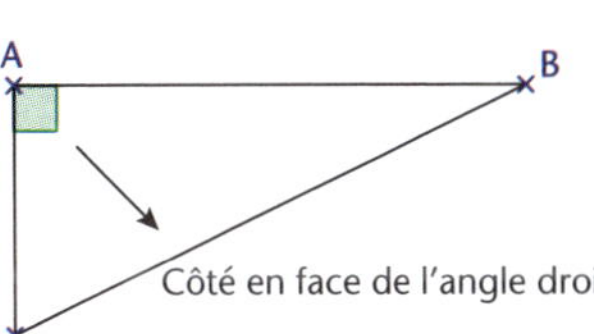

2 Énoncé du théorème de Pythagore

- Dans un triangle **rectangle**, le carré de l'hypoténuse est égal à la somme des carrés des côtés de l'angle droit.

> **À retenir**
> Le **théorème de Pythagore** ne s'applique qu'aux **triangles rectangles**.

- Autre formulation :

Si le triangle ABC est **rectangle** en A, alors $BC^2 = BA^2 + AC^2$.

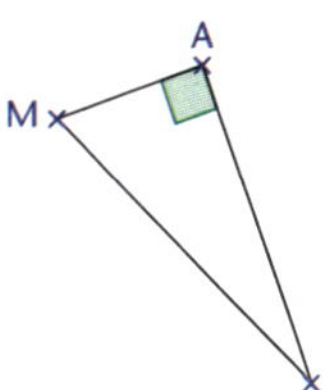

Exemple : MAT est rectangle en A, l'hypoténuse est [MT]. D'après le théorème de Pythagore, on a $MT^2 = MA^2 + AT^2$.

3 Utilités

a. Calculer la longueur de l'hypoténuse d'un triangle rectangle

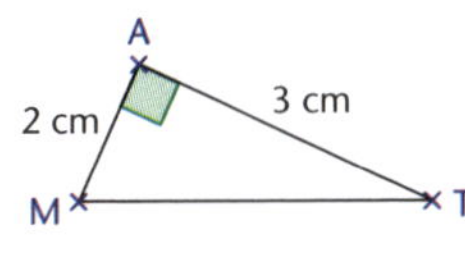

Pour calculer la longueur MT du triangle **rectangle** ci-contre, on applique **le théorème de Pythagore**.
On a alors $MT^2 = MA^2 + AT^2$.
On remplace par les valeurs connues : $MT^2 = 2^2 + 3^2$.
D'où $MT^2 = 4 + 9 = 13$.
Donc $MT = \sqrt{13} \approx 3{,}6$ cm.

> **À retenir**
> Pour éliminer le carré, on utilise la racine carrée. Il faut utiliser la touche $\sqrt{}$ de la calculatrice.

b. Calculer la longueur d'un côté adjacent à l'angle droit d'un triangle rectangle

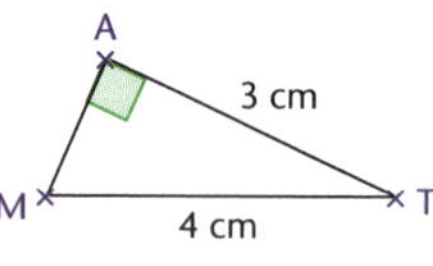

Pour calculer la longueur MA du triangle **rectangle** ci-contre, on applique **le théorème de Pythagore**. On a alors $MT^2 = MA^2 + AT^2$. On remplace par les valeurs connues : $4^2 = MA^2 + 3^2$, d'où $16 = MA^2 + 9$. On a $MA^2 = 16 - 9 = 7$, d'où $MA = \sqrt{7} \approx 2{,}6$ cm.

c. Prouver qu'un triangle n'est pas un triangle rectangle

Si le carré du côté le plus long d'un triangle n'est pas égal à la somme des carrés des deux autres côtés, alors ce triangle n'est pas rectangle.

Exemple : REC est un triangle tel que RC = 4 cm, CE = 6 cm et ER = 5 cm. Est-il rectangle ?

Le côté le plus long est [CE].
On a $CE^2 = 6^2 = 36$ et
$CR^2 + RE^2 = 4^2 + 5^2$
$= 16 + 25$
$= 41.$

À retenir

Le terme **hypoténuse** est réservé aux triangles rectangles.

Donc $CE^2 \neq CR^2 + RE^2$.
Le carré du côté le plus long n'est pas égal à la somme des carrés des deux autres côtés ; le triangle n'est donc pas rectangle.

4 Réciproque du théorème de Pythagore

- Si, dans un triangle, le carré du plus grand côté est égal à la somme des carrés des deux autres côtés, alors ce triangle est rectangle et a pour hypoténuse le plus grand côté.
- Autre formulation : si, dans un triangle ABC, on a $BC^2 = BA^2 + AC^2$, alors le triangle ABC est rectangle en A.

Cette réciproque a une seule utilité : prouver qu'un triangle est un triangle rectangle !

Exemple : ABC est un triangle tel que AB = 5 cm, AC = 12 cm et BC = 13 cm. ABC est rectangle en A.
Le côté le plus long est [BC]. Si l'on calcule séparément BC^2 et $BA^2 + AC^2$, on obtient :
$BC^2 = 13^2 = 169$ et $BA^2 + AC^2 = 5^2 + 12^2 = 25 + 144 = 169$.
On a $BC^2 = BA^2 + AC^2$, d'après la réciproque du théorème de Pythagore, le triangle ABC est donc rectangle en A.

Trigonométrie dans le triangle rectangle

FICHE 38

1 Généralités

a. Vocabulaire du triangle rectangle

- Le **côté opposé** à $\widehat{ABC}$ est [AC].
- Le **côté adjacent** à $\widehat{ABC}$ est [AB].
- **L'hypoténuse** du triangle est [BC].

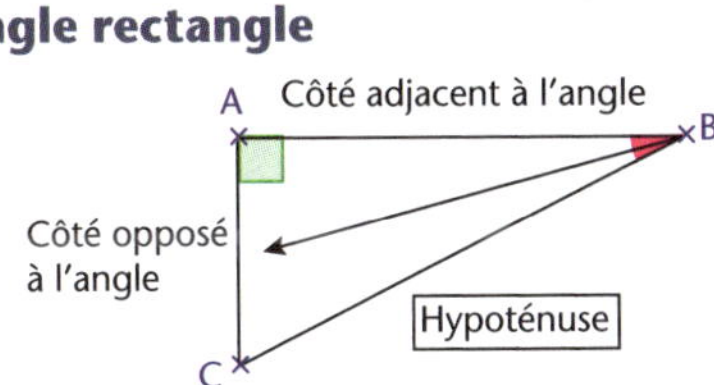

b. Cosinus d'un angle aigu

- **Cosinus d'un angle aigu** $= \dfrac{\text{longueur du côté adjacent à l'angle}}{\text{longueur de l'hypoténuse}}$.

Exemple : Dans le triangle ABC rectangle

en A , on a $\cos \widehat{ABC} = \dfrac{BA}{BC}$.

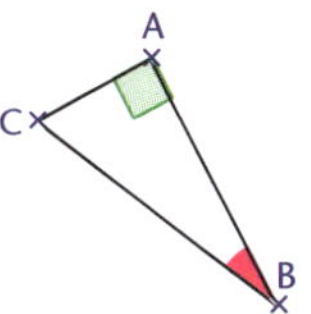

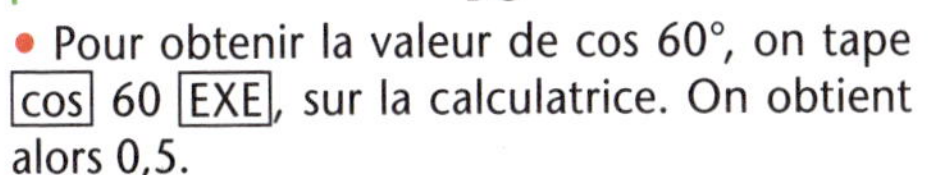

- Pour obtenir la valeur de cos 60°, on tape [cos] 60 [EXE], sur la calculatrice. On obtient alors 0,5.

- Pour obtenir la mesure de l'angle x tel que $\cos x = 0{,}2$, on tape [2nde] [cos] 0,2 [EXE] puis on arrondit au degré près, on obtient 78°.

> **À retenir**
>
> **Cosinus se note cos.**
> Cette formule n'est valable que pour un triangle rectangle.

c. Sinus d'un angle aigu

- **Sinus d'un angle aigu** $= \dfrac{\text{longueur du côté opposé à l'angle}}{\text{longueur de l'hypoténuse}}$.

Exemple : Dans le triangle ABC rectangle en A, on a $\sin \widehat{ABC} = \dfrac{AC}{BC}$.

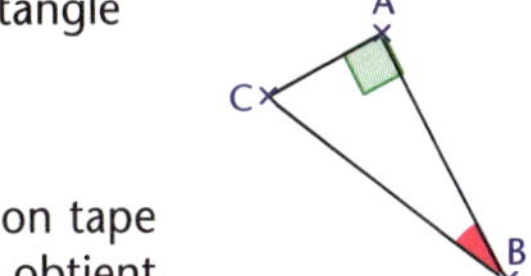

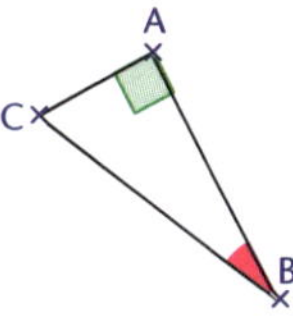

- Pour obtenir la valeur de sin 30°, on tape [sin] 30 [EXE], sur la calculatrice, on obtient 0,5.

À retenir

Sinus se note sin.
Cette formule n'est valable que pour un triangle rectangle.

• Pour obtenir la mesure de l'angle x tel que $\sin x = 0{,}2$, on tape [2nde] [sin] 0,2 [EXE] puis on arrondit au degré près, on obtient 12°.

d. Tangente d'un angle aigu

• Tangente d'un angle aigu $= \dfrac{\text{longueur du côté opposé à l'angle}}{\text{longueur du côté adjacent à l'angle}}$.

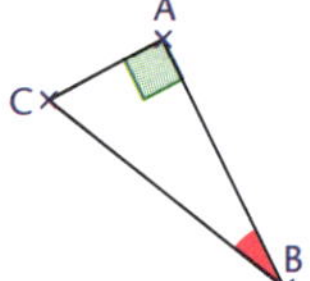

Exemple : Dans le triangle ABC rectangle en A, on a $\tan \widehat{ABC} = \dfrac{CA}{BA}$.

À retenir

Tangente se note tan.
Cette formule n'est valable que pour un triangle rectangle.

• Pour obtenir la valeur de tan 45°, on tape [tan] 45 [EXE], sur la calculatrice, on obtient 1. Pour obtenir la mesure de l'angle x tel que $\tan x = 0{,}2$, on tape [2nde] [tan] 0,2 [EXE] puis on arrondit au degré près, on obtient 11°.

2 Propriété

Le cosinus et le sinus d'un angle aigu sont des nombres compris strictement entre 0 et 1.

$$0 < \cos \widehat{ABC} < 1 \; ; \; 0 < \sin \widehat{ABC} < 1.$$

Théorème de Thalès et sa réciproque

FICHE 39

1 Théorème de Thalès

a. Énoncé

• Soit (d) et (d') deux droites sécantes en A. B et N deux points distincts de (d), C et M deux points distincts de (d').

À retenir

Pour appliquer le **théorème de Thalès, les droites doivent être parallèles**.

• Si (BC) est parallèle à (MN), alors $\frac{AM}{AC} = \frac{AN}{AB} = \frac{MN}{BC}$.

Configuration dite « papillon »

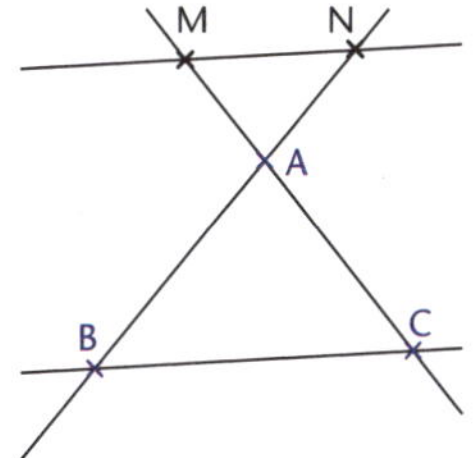

Configuration triangle

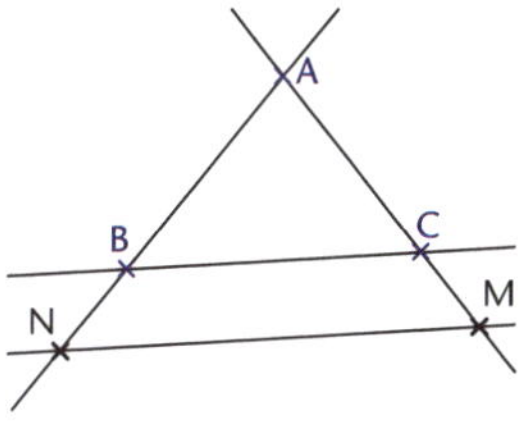

b. Utilités

• **Calculer des longueurs** :
(CN) et (MA) sont parallèles.
AB = 2,4 cm, BM = 1,9 cm,
BC = 2 cm et NC = 2,5 cm.
(CN) et (MA) sont parallèles, d'après le théorème de Thalès : $\frac{BA}{BC} = \frac{BM}{BN} = \frac{AM}{CN}$.

On remplace $\frac{2,4}{2} = \frac{1,9}{BN} = \frac{AM}{2,5}$.

On a donc $AM = 2,5 \times \frac{2,4}{2}$, soit AM = 3 cm.

$\frac{1,9}{BN} = \frac{2,4}{2}$ donc $\frac{BN}{1,9} = \frac{2}{2,4}$ soit $BN = 1,9 \times \frac{2}{2,4} \approx 1,6$ cm.

À retenir

Dans les deux configurations, ABC et ANM sont des triangles semblables.

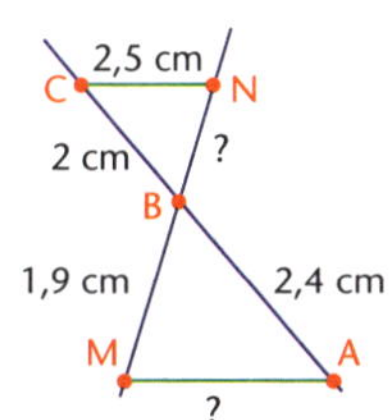

À retenir

Ci-dessus, pour obtenir une longueur manquante, il faut utiliser le **produit en croix**.

- **Prouver que deux droites ne sont pas parallèles :**

AB = 3,7 cm, AC = 4,2 cm, M ∈ (AB), AM = 4,8 cm, N ∈ (AC) et AN = 5,6 cm.

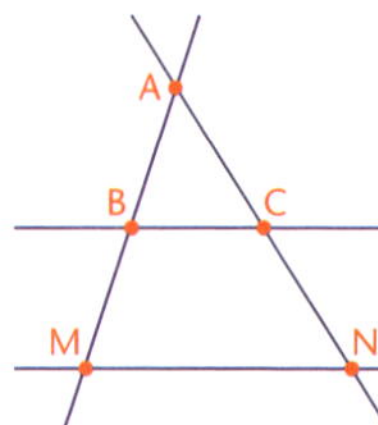

On compare $\frac{AM}{AB}$ et $\frac{AN}{AC}$.

$\frac{AM}{AB} = \frac{4,8}{3,7}$ et $\frac{AN}{AC} = \frac{5,6}{4,2} = \frac{4}{3}$. On a $\frac{4,8}{3,7} \neq \frac{4}{3}$.

Si (BC) et (MN) étaient parallèles, en appliquant le théorème de Thalès, on aurait $\frac{AM}{AB} = \frac{AN}{AC}$. Or, ce n'est pas le cas ! Les droites (BC) et (MN) ne sont donc pas parallèles.

2 Réciproque

- Étant donné deux droites (*d*) et (*d'*) sécantes en A, B et M, deux points de (*d*) distincts de A, C et N deux points de (*d'*) distincts de A.
- Si les points A, B, M et A, C, N sont dans le même ordre et si $\frac{AM}{AB} = \frac{AN}{AC}$, alors les droites (BC) et (MN) sont parallèles.

Exemple 1 : AB = 35 m ; AC = 21 m ; AM = 40 m et AN = 24 m.

Les points ABM et ACN sont **alignés dans le même ordre**.

$\frac{AM}{AB} = \frac{40}{35} = \frac{8}{7}$ et $\frac{AN}{AC} = \frac{24}{21} = \frac{8}{7}$ donc $\frac{AM}{AB} = \frac{AN}{AC}$.

On peut conclure, par la réciproque du théorème de Thalès, que (BC) et (MN) sont parallèles.

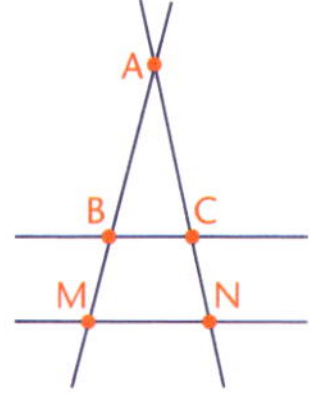

Exemple 2 : Ici, les points AMB et ANC ne sont pas alignés dans le même ordre, on ne pourra pas appliquer la réciproque.

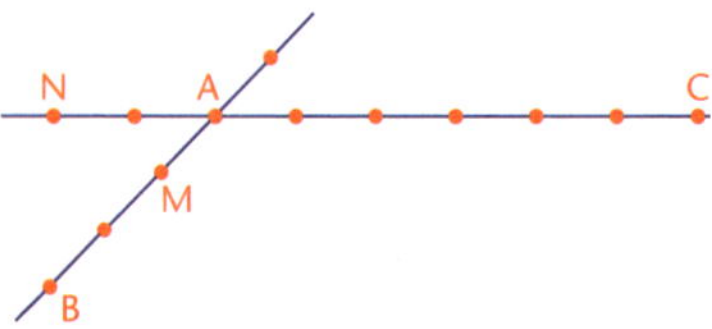

Résoudre des problèmes de géométrie plane

Sujet (d'après DNB, 2015)

Le schéma ci-contre n'est pas à l'échelle.

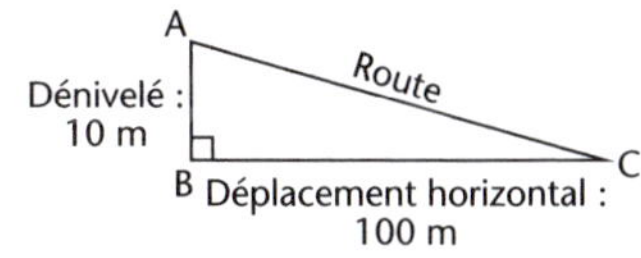

1. Que vaut AC ? Justifiez votre réponse.
2. Déterminez la mesure de $\widehat{BCA}$ au degré près.

Avant de commencer

► On repère l'angle droit qui indique l'utilisation du théorème de Pythagore et/ou de la trigonométrie.

Rappel :

Cosinus d'un angle = $\dfrac{\text{longueur du côté adjacent à l'angle}}{\text{longueur de l'hypoténuse}}$

Sinus d'un angle = $\dfrac{\text{longueur du côté opposé à l'angle}}{\text{longueur de l'hypoténuse}}$

Tangente d'un angle = $\dfrac{\text{longueur du côté opposé à l'angle}}{\text{longueur du côté adjacent à l'angle}}$

→ Utilisez le théorème de Pythagore :

ABC est un triangle rectangle en B, d'après le théorème de Pythagore, $AC^2 = AB^2 + BC^2$, d'où $AC^2 = 10^2 + 100^2$ $= 100 + 10\,000 = 10\,100$. Donc $AC = \sqrt{10\,100}$.

→ Utilisez la trigonométrie :

Dans le triangle ABC rectangle en B : $\cos\widehat{BCA} = \dfrac{BC}{AC}$; $\sin\widehat{BCA} = \dfrac{AB}{AC}$ et $\tan\widehat{BCA} = \dfrac{AB}{BC}$.

On peut utiliser indifféremment ces 3 formules, mais il vaut mieux prendre celle qui utilise les deux données de l'énoncé : $\tan\widehat{BCA} = \dfrac{10}{100} = 0{,}1$.

Utilisez une calculatrice : On tape [2nde] [tan] 0,1 [EXE].
On obtient : 5,7105931374996. D'où $\widehat{BCA} \approx$ **6°**.

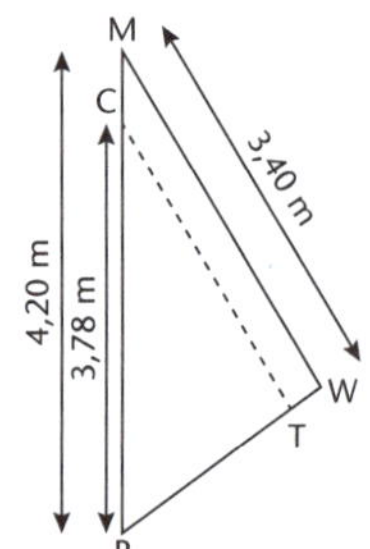

Sujet (d'après DNB centres étrangers, juin 2011)
Une voile a la forme du triangle PMW ci-contre. On fait une couture suivant le segment [CT].
On a : PT = 1,88 m et PW = 2,30 m.
La couture est-elle parallèle à (MW) ?

Avant de commencer

► Il faut toujours suivre l'organigramme ci-après pour une question sur un éventuel parallélisme.

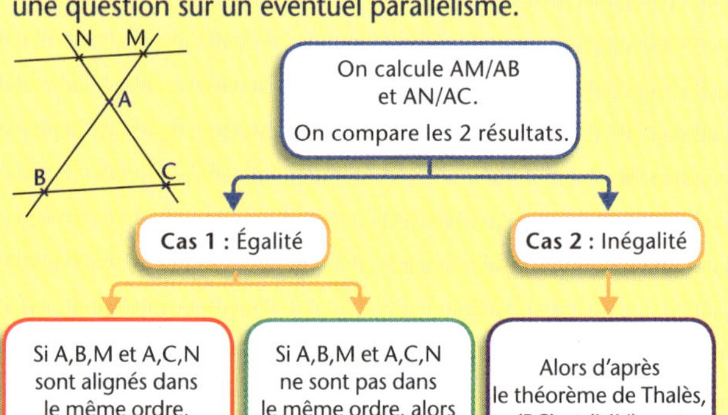

Calculez $\frac{PC}{PM}$ et $\frac{PT}{PW}$ en utilisant une fraction irréductible :

$\frac{PC}{PM} = \frac{3,78}{4,2} = \frac{378}{420} = \frac{18}{20} = \frac{9}{10}$; $\frac{PT}{PW} = \frac{1,88}{2,3} = \frac{188}{230} = \frac{94}{115}$.

Comparez les deux quotients : $\frac{9}{10} \neq \frac{94}{115}$.

Concluez :

Si les droites étaient parallèles, alors on pourrait appliquer le théorème de Thalès et les deux quotients seraient égaux. Ce n'est pas le cas, donc (CT) et (MW) ne sont pas parallèles.

Géométrie

THÈMES clés

Parallélisme : fiches 35 et 39
Configuration de Pythagore : fiche 37
Prouver qu'un triangle est ou n'est pas rectangle : fiche 37
Trigonométrie : fiche 38
Configuration de Thalès : fiche 39

THÉORÈMES clés

Dans une figure, dès que l'on repère un angle droit, il faut penser à utiliser le **théorème de Pythagore ou la trigonométrie**.

Le théorème de Pythagore sert à **calculer des longueurs et à prouver qu'un triangle n'est pas un triangle rectangle**. Sa réciproque ne sert qu'à prouver qu'un triangle est rectangle.

Le théorème de Thalès sert **à calculer des longueurs et à prouver que deux droites ne sont pas parallèles**. Sa réciproque ne sert qu'à prouver que deux droites sont parallèles.

Dans une figure, dès que l'on repère des parallèles, il faut penser à utiliser le **théorème de Thalès**.

Si les longueurs des côtés d'un triangle sont proportionnelles aux longueurs des côtés d'un autre triangle, alors **les deux triangles sont semblables**.

Démontrer qu'un triangle est rectangle

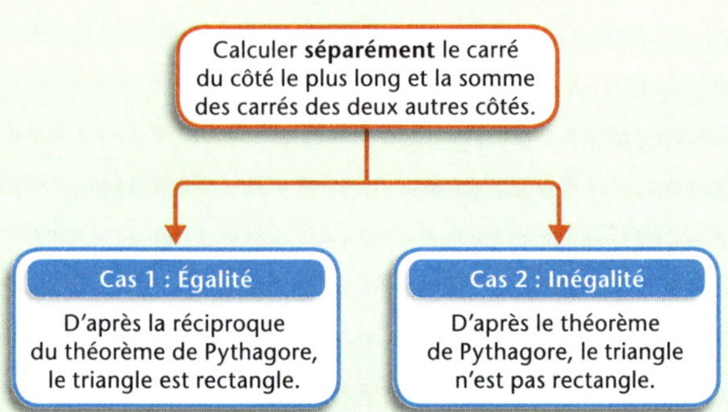

Le triangle rectangle

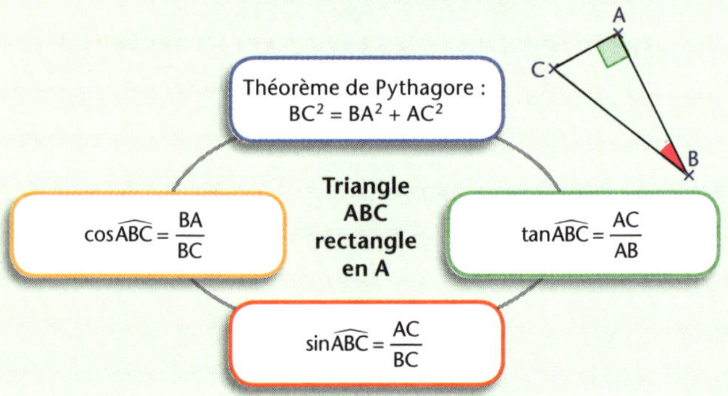

Quiz-bilan

FICHE 42

→ *Réponses au verso.*

1 ABC est un triangle rectangle en A. AB = 3 cm et AC = 5 cm. On a BC = ?

a. ☐ 5,8 b. ☐ $\sqrt{34}$ c. ☐ 4

2 ABC est un triangle rectangle en A tel que AB = 2 cm et BC = 5 cm. On a AC = ?

a. ☐ 29 b. ☐ 21 c. ☐ $\sqrt{29}$ d. ☐ $\sqrt{21}$

3 Si $MN^2 = MO^2 + ON^2$, alors le triangle MNO est :

a. ☐ rectangle en M. b. ☐ rectangle en N.
c. ☐ rectangle en O.

4 Dans la figure ci-contre, (BC) est parallèle à (MN). On a :

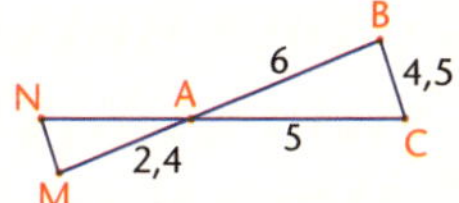

a. ☐ AN = 12,5. b. ☐ AN = 2. c. ☐ AN = 2,88.

5 Un rectangle a une aire de 12 cm². Si l'on effectue une réduction de coefficient 2, l'aire de la réduction sera de :

a. ☐ 6 cm². b. ☐ 24 cm². c. ☐ 3 cm².

6 Le sinus d'un angle aigu est :

a. ☐ un nombre positif. b. ☐ un nombre inférieur à 1.
c. ☐ compris entre 0 et 1.

7 Tan 28° ≈ ?

a. ☐ 0,53 b. ☐ 88 c. ☐ 0,5° d. ☐ 88°

8 **Si le triangle TRI est rectangle en I, alors $\cos\widehat{IRT}$ = ?**

a. ☐ $\frac{IT}{TR}$ **b.** ☐ $\frac{IR}{TR}$ **c.** ☐ $\frac{IR}{IT}$

9 **Si le triangle TRI est rectangle en I, alors $\sin\widehat{IRT}$ = ?**

a. ☐ $\frac{IT}{TR}$ **b.** ☐ $\frac{IR}{TR}$ **c.** ☐ $\frac{IR}{IT}$

10 **Si le triangle TRI est rectangle en I, alors $\tan\widehat{IRT}$ = ?**

a. ☐ $\frac{IT}{TR}$ **b.** ☐ $\frac{IR}{TR}$ **c.** ☐ $\frac{IT}{IR}$

11 **Si MATH est un losange qui n'est pas un carré, alors :**

a. ☐ AT = AH. **b.** ☐ MT = HA. **c.** ☐ MA = AT.

12 **Peut-on construire le triangle TRI sachant que TR = 5 cm, TI = 3 cm et IR = 1,9 cm ?**

a. ☐ Oui **b.** ☐ Non

13 **Dans un triangle équilatéral, les trois angles mesurent :**

a. ☐ 60°. **b.** ☐ 90°. **c.** ☐ 30°.

14 **MATH est un rectangle non carré. LOVE est une réduction de rapport 0,3 de MATH. LOVE est un :**

a. ☐ carré. **b.** ☐ losange. **c.** ☐ rectangle.

Réponses :

1 **b** on applique le théorème de Pythagore, $BC^2 = 3^2 + 5^2 = 34$ d'où $BC = \sqrt{34}$ – **2** **d** on applique le théorème de Pythagore, $5^2 = 2^2 + AC^2$ d'où $AC^2 = 21$, donc $AC = \sqrt{21}$ – **3** **c** – **4** **b** par application du théorème de Thalès on a $\frac{AM}{AB} = \frac{AN}{AC} = \frac{MN}{BC}$ d'où $AN = \frac{5 \times 2{,}4}{6} = 2$ – **5** **c** – **6** **c** – **7** **a** – **8** **b** – **9** **a** – **10** **c** – **11** **c** – **12** **b** – **13** **a** – **14** **c**.

Transformations

1 Symétrie centrale

a. Généralités

- Effectuer une symétrie centrale, c'est effectuer **un demi-tour autour d'un point.**

- Dire que M′ est le symétrique de M par rapport au point O signifie que **O est le milieu de [MM′].**

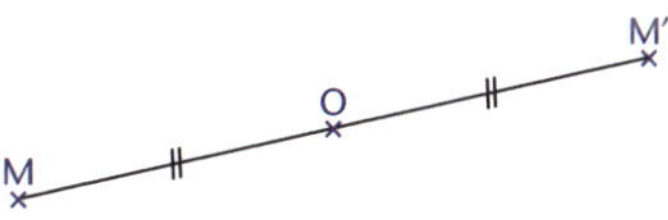

b. Propriété de conservation

Une symétrie centrale conserve les longueurs, les mesures d'angles et les aires. Elle transforme donc une droite en une droite parallèle, un cercle en un cercle de même rayon.

c. Centre de symétrie

On dit qu'une figure admet **un centre de symétrie O**, lorsque son image par la symétrie de centre O est elle-même.

2 Rotations

a. Sens direct

Il s'agit du **sens inverse des aiguilles d'une montre** :

b. Généralités

Effectuer une rotation de centre O et d'angle α, c'est faire tourner dans le sens direct la figure d'un angle α autour du point O.

Dire que M′ est l'image de M par **la rotation de centre O et d'angle α**, signifie que **$OM' = OM$ et $\widehat{MOM'} = \alpha$** dans le sens direct.

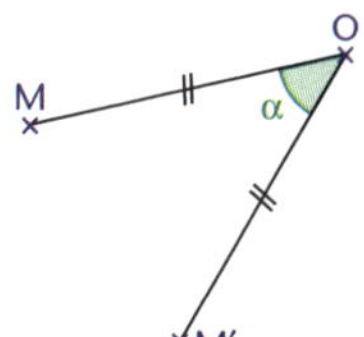

c. Propriétés de conservation

Une rotation conserve les longueurs, les mesures d'angles et les aires. Elle transforme donc une droite en une droite, un cercle en un cercle de même rayon.

3 Translations

a. Généralités

• Effectuer une translation, c'est effectuer un **glissement rectiligne**. Il a donc **un sens, une direction et une longueur**. On pourra alors utiliser un couple de points pour symboliser, par exemple, la translation de A vers B :

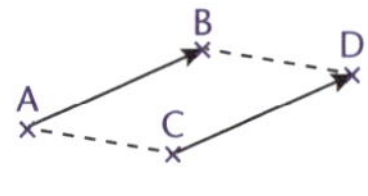

• Propriété : dire que C est l'image de D par la translation transformant A en B signifie que **ABDC est un parallélogramme**.

b. Propriété de conservation

Une translation conserve les longueurs de segment, les mesures d'angles et les aires. Elle transforme un segment en un segment de même longueur, une droite en une droite parallèle, un cercle en un cercle de même rayon.

4 Homothéties

a. Généralités

• Effectuer une homothétie, c'est **effectuer un agrandissement ou une réduction**.

• M′ est l'image de M par **l'homothétie de centre O et de rapport k**, signifie que **O, M et M′ sont alignés** et **OM′ = k OM**.

b. Propriétés

• Si $k > 0$, alors M′ ∈ [OM).

• Si $k < 0$, alors O est entre M et M′.

• Si $k > 1$ ou $k < -1$, on a un agrandissement de la figure initiale.

Symétrie centre O rapport 2

M′
M
O

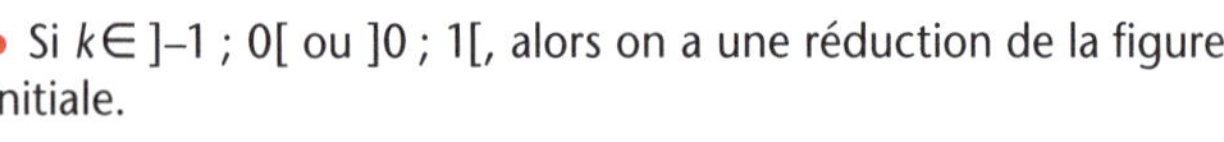

• Si $k \in \,]-1\,;\,0[$ ou $]0\,;\,1[$, alors on a une réduction de la figure initiale.

c. Propriétés de conservation

• Une homothétie de rapport k transforme une droite en une droite, un segment de longueur l en un segment de longueur kl (si $k > 0$) ou $-kl$ (si $k < 0$).

• Une homothétie de rapport k, multiplie l'aire d'une figure par k^2.

Transformations

MÉMO

THÈMES clés

Symétrie centrale : fiche 43

Rotation : fiche 43

Translation : fiche 43

Homothétie : fiche 43

THÉORÈMES clés

Il faudra toujours **coder vos figures.**

Symétrie centrale = demi-tour autour d'un point, c'est aussi une rotation d'angle 180°.

Translation = glissement rectiligne.

Rotation = faire tourner la figure autour d'un point d'un certain angle.

Homothétie = effectuer un agrandissement ou une réduction.

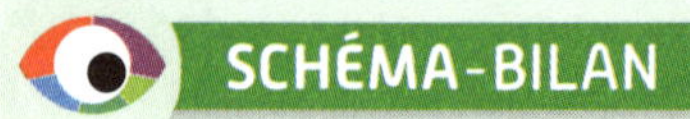

Transformation d'une figure

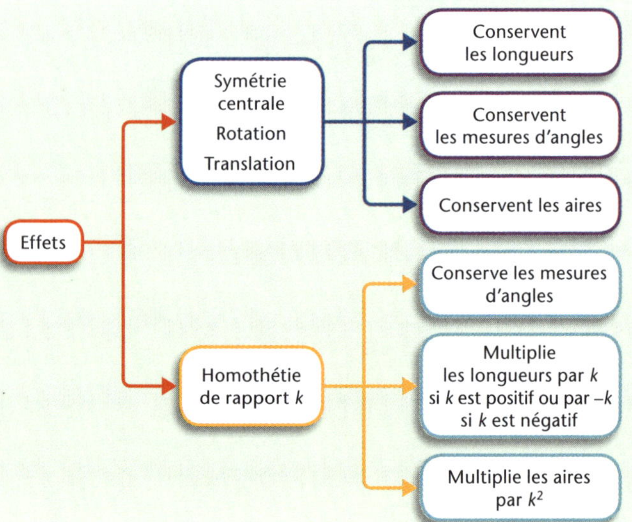

Quiz-bilan

FICHE 45

→ *Réponses au verso.*

1 Une rotation de centre O et d'angle 45° transforme un cercle en un :

a. ☐ cercle. b. ☐ carré. c. ☐ parallélogramme.

2 Une rotation de centre A et d'angle 180° correspond à une :

a. ☐ symétrie axiale.
b. ☐ une translation.
c. ☐ une symétrie centrale.

3 Si ABCD est un parallélogramme, alors l'image de C par la translation transformant B en A est :

a. ☐ le symétrique de D par rapport à C. b. ☐ D.

4 Une translation correspond à :

a. ☐ un demi-tour autour d'un point.
b. ☐ un pliage le long d'une droite.
c. ☐ un glissement rectiligne.

5 Un rectangle a une aire de 12 cm². Une homothétie de rapport 0,5 transforme ce rectangle en un rectangle de :

a. ☐ 6 cm². b. ☐ 24 cm². c. ☐ 3 cm².

6 Une symétrie centrale correspond à :

a. ☐ un glissement rectiligne.
b. ☐ un demi-tour autour d'un point.
c. ☐ un pliage le long d'une droite.

7 Dire que N est l'image de O par la symétrie de centre A signifie que :

a. ☐ A est le milieu de [NO].
b. ☐ N est le milieu de [OA].
c. ☐ O est le milieu de [AN].

8 **Une homothétie de rapport 5 correspond à :**

a. ☐ une réduction.   b. ☐ un agrandissement.

9 **Une homothétie de rapport 0,7 multiplie les longueurs par :**

a. ☐ 1/0,7.   b. ☐ 0,7.   c. ☐ $0{,}7^2$.

10 **Les symétries centrales, les translations et les rotations conservent le parallélisme :**

a. ☐ Vrai   b. ☐ Faux

11 **Une translation conserve les mesures d'angles :**

a. ☐ Oui   b. ☐ Non

12 **Dans le triangle équilatéral NOA ci-contre, le point A est :**

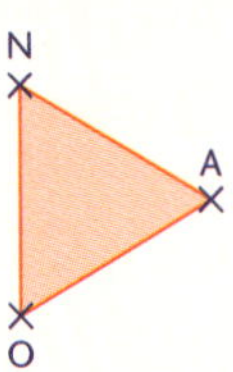

a. ☐ l'image de O par la rotation de centre N et d'angle 30°.

b. ☐ l'image de O par la rotation de centre N et d'angle 60°.

c. ☐ l'image de N par la rotation de centre O et d'angle 60°.

13 **NOA est un triangle rectangle en N. L'image de NOA par une homothétie de rapport 5 est un :**

a. ☐ triangle équilatéral.

b. ☐ triangle rectangle en O.

c. ☐ triangle rectangle en N.

Réponses :

1a - 2c - 3b - 4c - 5c - 6b - 7a - 8b - 9b - 10a - 11a - 12b - 13c.

Algorithmes, programmes et variables

1 Algorithmes

- Un algorithme est une suite ordonnée et finie d'instructions.

Exemples : une recette de cuisine ou un programme de construction sont des exemples d'algorithmes.

- Structure générale d'un algorithme :

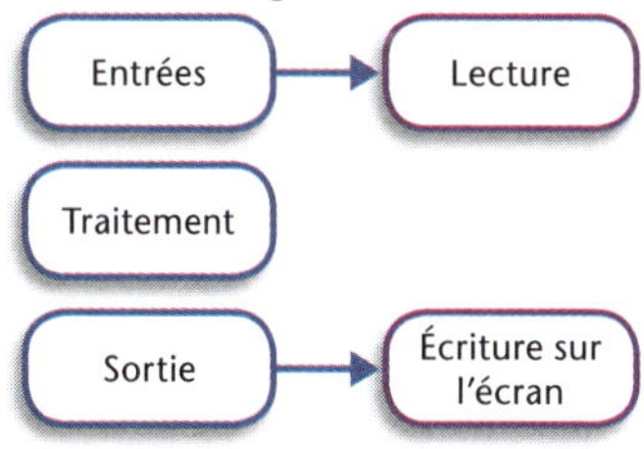

Exemple : Qu'effectue cet algorithme ? (d'après DNB 2015)

Lire le nombre x
Attribuer à x la valeur $x - 10$
Attribuer à x la valeur x^2
Écrire x

Il affichera $(x - 10)^2$

2 Programmes

Pour faire exécuter des algorithmes à des ordinateurs, il faut utiliser un **langage de programmation**. Nous utiliserons Scratch : **un code informatique simplifié**, que l'on nomme **pseudo-code**. Ce pseudo-code ressemble à un assemblage d'instructions à l'aide de « briques ».

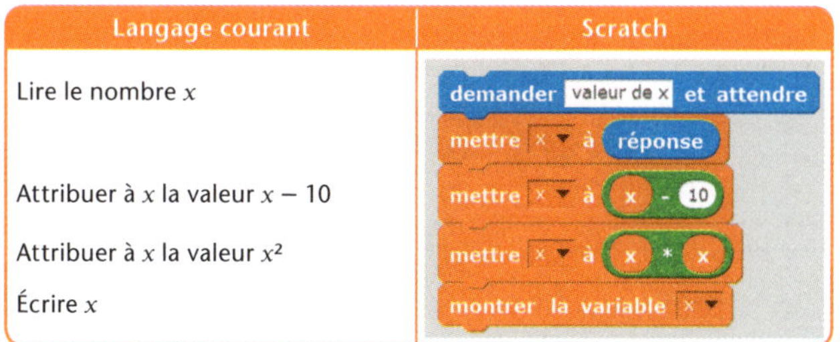

Langage courant	Scratch
Lire le nombre x	demander valeur de x et attendre mettre x à réponse
Attribuer à x la valeur $x - 10$	mettre x à x - 10
Attribuer à x la valeur x^2	mettre x à x * x
Écrire x	montrer la variable x

3 Variables

a. Généralités

- Pour stocker une information, on utilise une variable. C'est une « boîte » que le programme repère par son nom, son étiquette. Pour avoir accès à la variable, on la désigne par son étiquette.

À retenir

Un **booléen** est une variable qui prend pour valeur soit « vrai », soit « faux ».

- Une variable peut donc être un nombre, un texte, un booléen…
- Affecter une valeur à une variable, c'est lui attribuer une valeur.

Exemple :

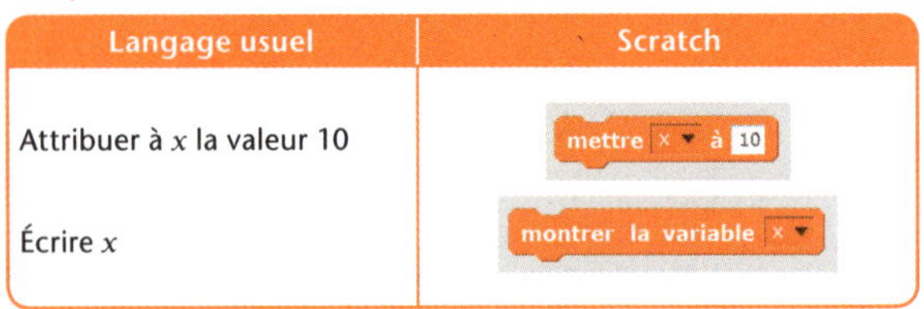

Langage usuel	Scratch
Attribuer à x la valeur 10	mettre x à 10
Écrire x	montrer la variable x

b. Opérations sur des variables de même type

Nombres	Textes, chaînes de caractère	Booléens
+ - * (multiplication) / (division) ^ (puissance)	+ met bout à bout deux chaînes de caractères. Sur Scratch, c'est : regroupe	Et Ou Non

c. Exemple

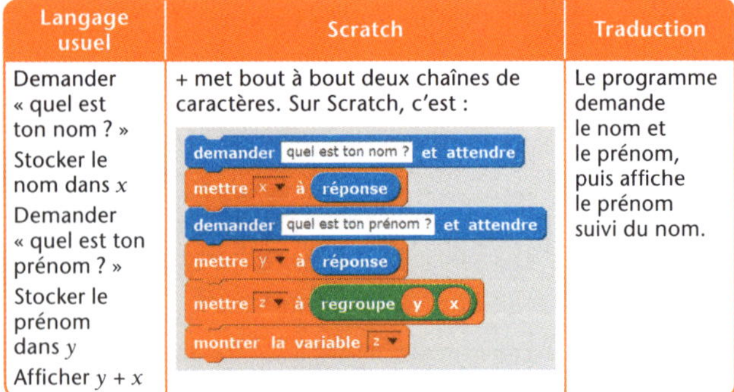

Langage usuel	Scratch	Traduction
Demander « quel est ton nom ? » Stocker le nom dans x Demander « quel est ton prénom ? » Stocker le prénom dans y Afficher $y + x$	+ met bout à bout deux chaînes de caractères. Sur Scratch, c'est : demander quel est ton nom ? et attendre mettre x à réponse demander quel est ton prénom ? et attendre mettre y à réponse mettre z à regroupe y x montrer la variable z	Le programme demande le nom et le prénom, puis affiche le prénom suivi du nom.

Structures conditionnelles et boucles

1 Structures conditionnelles

On **effectue des tests** qui conditionnent des actions, ainsi si le test est concluant, il se passera l'action A, sinon l'action B. Pour déclarer cela il faudra utiliser les **structures conditionnelles** « **si Test alors… FinSi** » ou « **si Test alors… sinon… FinSi** » puis compléter le test et les actions correspondantes.

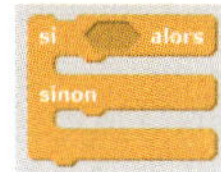

Exemple : calcul de l'IMC.
Pour calculer l'indice de masse corporelle, on utilise la formule suivante : $\text{IMC} = \dfrac{\text{masse en kg}}{\text{taille}^2}$. La taille doit être exprimée en mètres. Si l'IMC est supérieur à 25, la personne est en surpoids. On veut créer un algorithme qui, en fonction de la taille et du poids de la personne, indique si celle-ci est en surpoids ou pas.

Langage usuel	Scratch
	quand cliqué
Lire la taille en mètres	demander [taille en mètres ?] et attendre mettre [a] à réponse
Lire le poids en kg	demander [poids en kg ?] et attendre mettre [b] à réponse
	mettre [c] à b / a * a
Si masse/(taille)² > 25, alors afficher « vous êtes en surpoids », sinon afficher « vous n'êtes pas en surpoids » FinSi	si c > 25 alors dire [vous êtes en surpoids] pendant 2 secondes sinon dire [vous n'êtes pas en surpoids] pendant 2 secondes

2 Boucles

a. Répétitions

- Lorsque l'on répète la même action un nombre fini *n* de fois, on utilise la boucle « **pour *i* de 1er indice à dernier indice pas…** »

• Le pas est le nombre entier que l'on ajoute à chaque fois. Si l'on omet de mettre pas, le programme choisit par défaut la valeur 1. On dit alors qu'il incrémente de 1.

• Le logiciel Scratch propose la boucle « répéter x fois », c'est-à-dire qu'il propose de répéter un certain nombre de fois une action (10 fois dans l'exemple ci-dessous). Cela complique parfois l'écriture et oblige de rajouter un compteur.

Exemple : programme donnant les 10 premiers nombres entiers non nuls.

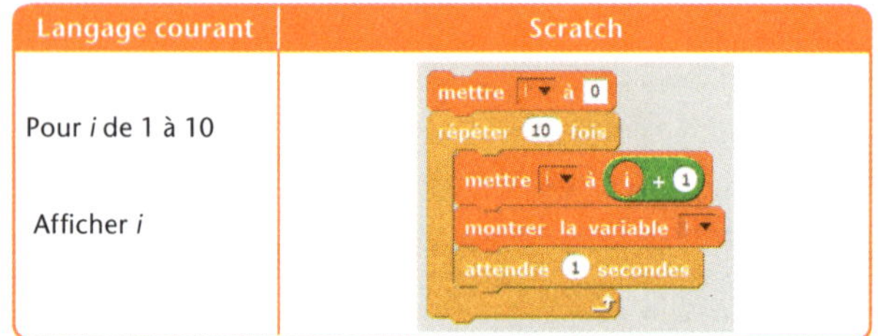

Langage courant	Scratch
Pour *i* de 1 à 10 Afficher *i*	mettre i à 0 répéter 10 fois mettre i à i + 1 montrer la variable i attendre 1 secondes

b. La boucle « tant que »

• Cette boucle sert à répéter la même action tant que la condition est réalisée.
On écrit donc : « tant que condition réalisée, faire action ».

• Le logiciel Scratch propose la boucle « répéter jusqu'à... » qui correspond à « faire action jusqu'à ce que la condition ne soit plus réalisée ».

Exemple : On a une somme de 50 €. Chaque jour cette somme diminue de moitié. Au bout de combien de jours a-t-on moins de 5 € ?

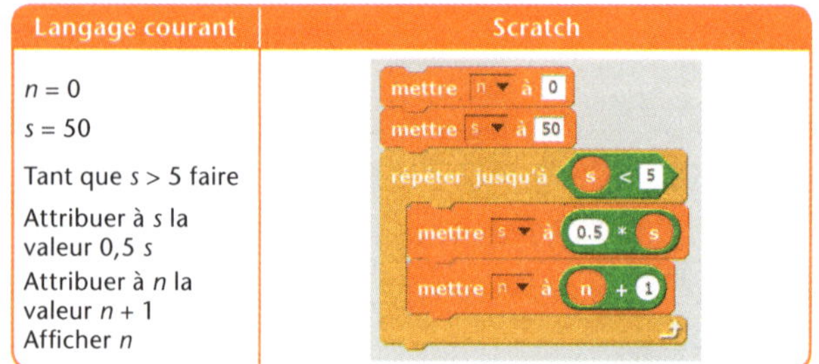

Langage courant	Scratch
$n = 0$ $s = 50$ Tant que $s > 5$ faire Attribuer à s la valeur 0,5 s Attribuer à n la valeur $n + 1$ Afficher n	mettre n à 0 mettre s à 50 répéter jusqu'à s < 5 mettre s à 0.5 * s mettre n à n + 1

Fonctions et déclenchement d'actions

FICHE 48

1 Fonctions

• Les fonctions sont des parties de programmes. Pour les définir, on doit ajouter un bloc dans Scratch.

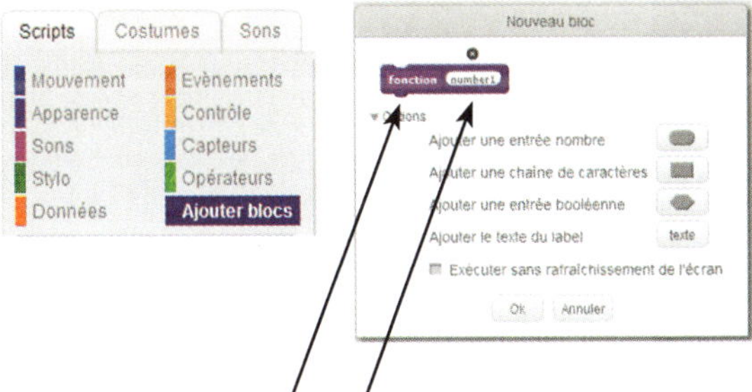

On peut l'appeler **fonction**.
On choisit ensuite les **variables**.

• Pour définir la fonction $f(x) = 3x^2 + 5x - 2$, on procèdera de la sorte :

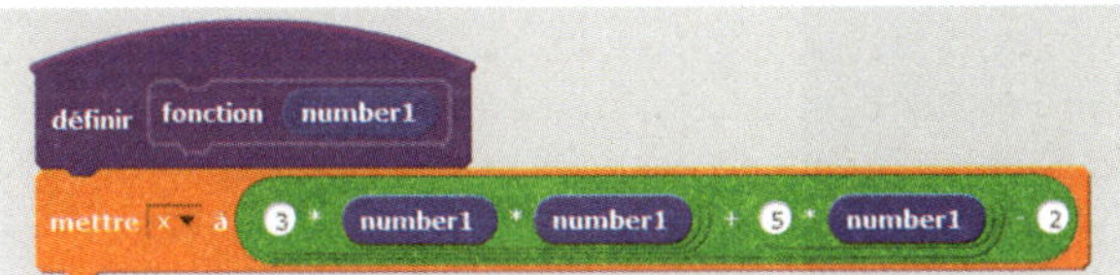

• Pour que le programme demande, lorsque l'on clique sur le drapeau vert, quelle valeur de x on prend et affiche le résultat, il faudra procéder ainsi :

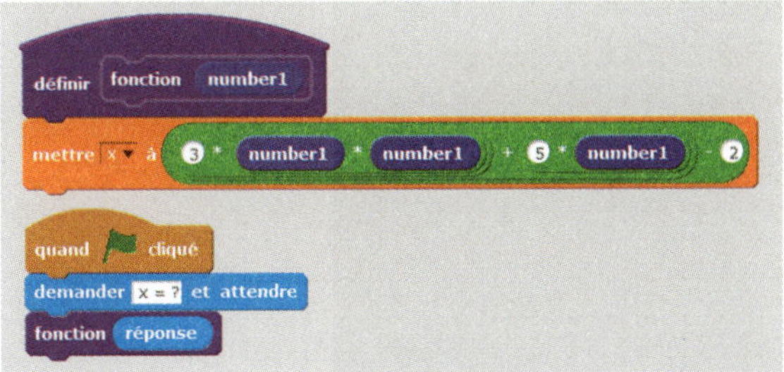

2 Déclenchement d'actions utilisant Scratch

- Clic du drapeau vert :

On peut **définir une série d'actions** en appuyant sur le drapeau vert. Pour cela, il suffit de commencer son programme par « quand [drapeau] cliqué ».

Exemple :

Lorsque l'on clique sur le drapeau vert, le personnage appelé « lutin » avance de 500 pixels, et il rebondit s'il atteint les limites de l'affichage.

- Clic sur le lutin :

On peut aussi définir une série d'actions en cliquant sur le personnage appelé « **lutin** ».

Exemple :

quand ce lutin est cliqué
avancer de 100

Lorsque l'on clique sur le lutin, il avance de 100 pixels.

- Bord atteint :

Si le bord est atteint, on peut définir une série d'actions. Il s'agit de la commande « bord touché? ».

Exemple :

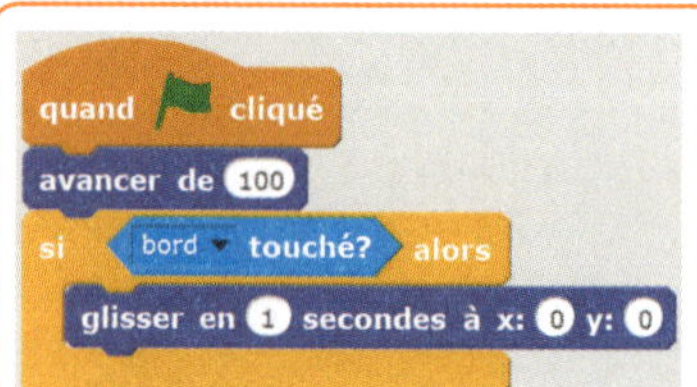

Lorsque l'on clique sur le drapeau vert, le lutin avance de 100 pixels : s'il touche le bord, on le fait alors revenir au centre de l'écran en 1 seconde.

BILAN

Algorithmique et programmation

FICHE 49

MÉMO

THÈMES clés

Notion d'algorithme : fiche 46

Variables : fiche 46

Boucles : fiche 47

Fonctions : fiche 48

Déclenchement d'actions : fiche 48

DÉFINITIONS clés

Un algorithme est une suite d'instructions élémentaires, comme une « recette de cuisine. »

Pour écrire un algorithme, on peut utiliser le langage courant ou utiliser un langage machine.

Le logiciel libre le plus utilisé est **Scratch**. Voici une copie de l'écran de l'espace de travail. Vous manipulerez un « lutin », ici un chat !

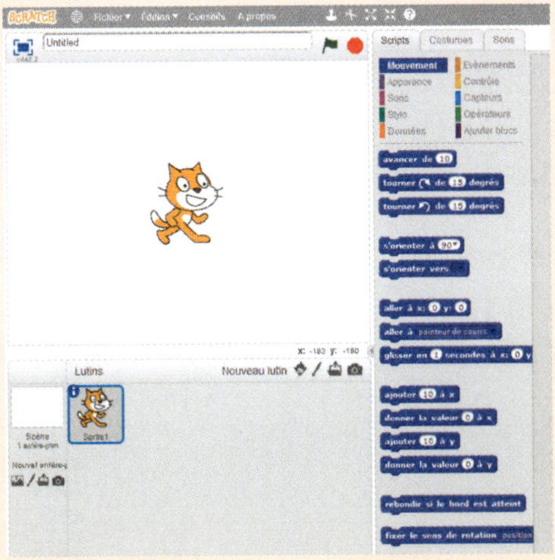

Boucles et structures conditionnelles

Répétition :

répéter ( ) fois

Indiquer le nombre de répétitions

Conditions :

si < > alors

Indiquer la condition à vérifier

si < > alors
sinon

Indiquer l'action lorsque la condition n'est pas réalisée

répéter jusqu'à < >

Indiquer la condition d'arrêt

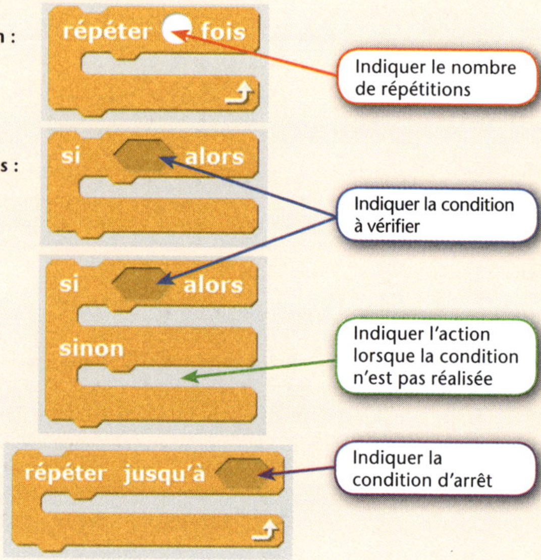

Calculs : pour pouvoir faire des calculs, il faut choisir « opérateurs » et les commandes correspondantes.

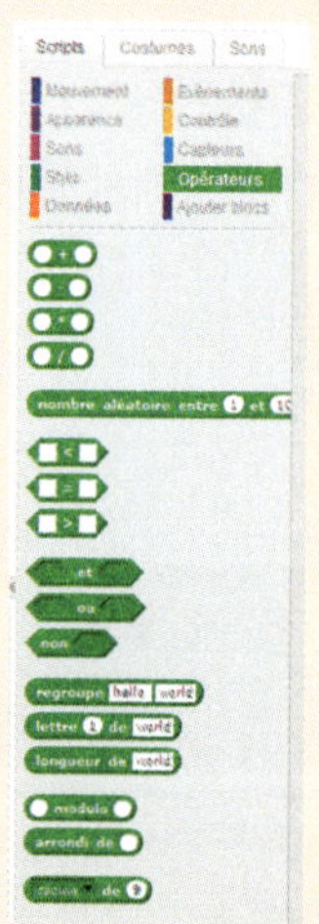

Quiz-bilan

FICHE 50

→ *Réponses au verso.*

1 Voici un algorithme en langage usuel :

Lire a
Écrire $a^2 + a$

Qu'affiche-t-il pour a = –1 ?

a. ☐ 0 b. ☐ 2 c. ☐ –1

2 Voici un algorithme en langage usuel :

Lire a
Lire b
Écrire $a + 2b$

Qu'affiche-t-il pour $a = 1$ et $b = -3$?

a. ☐ –2 b. ☐ 5 c. ☐ –5

3

Lire x
Attribuer à y la valeur x*x +2*x –5
Écrire y

Cet algorithme permet d'obtenir l'image d'un nombre par la fonction f définie par :

a. ☐ $f(x) = 3x - 5$.
c. ☐ $f(x) = x^2 + 2x - 5$.
b. ☐ $f(x) = x^2 + 2(x - 5)$.

4 L'algorithme ci-contre permet d'obtenir :

Lire a
Pour i de 1 à 4
Attribuer à a la valeur a*i
Écrire a

a. ☐ La valeur de a.
b. ☐ $24a$. c. ☐ $24 + a$.

5 L'algorithme ci-contre sert à afficher :

quand [drapeau] cliqué
demander [valeur de a ?] et attendre
mettre [a] à (réponse)
demander [valeur de b ?] et attendre
mettre [b] à (réponse)
ajouter à [a] (b)
demander (a) et attendre

a. ☐ La somme de a et b.
b. ☐ Le nombre a.
c. ☐ Le nombre b.

6 La structure suivante 

:

a. ☐ S'arrête dès que a prend la valeur 1 000.
b. ☐ S'arrête dès que a est supérieur à 1 000.

7 L'algorithme ci-contre permet de résoudre :

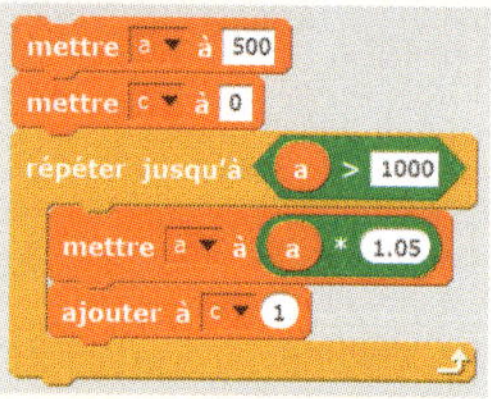

mettre a à 500
mettre c à 0
répéter jusqu'à a > 1000
mettre a à a * 1.05
ajouter à c 1

a. ☐ À partir de combien d'années, un capital de 500 € placé à 5 % double-t-il ?

b. ☐ À partir de combien d'années, un capital de 1 000 € est-il divisé par 2 ?

c. ☐ À partir de combien d'années, un capital de 500 € est-il multiplié par 1,05 ?

8 Qu'affiche l'algorithme ci-contre pour *b* = 5 ?

Lire *b*
Attribuer à *b* la valeur b^2
Attribuer à *b* la valeur 10*b
Écrire *b*

a. ☐ 25 b. ☐ 50 c. ☐ 250

9

quand cliqué
dire nombre aléatoire entre 1 et 6 pendant 2 secondes

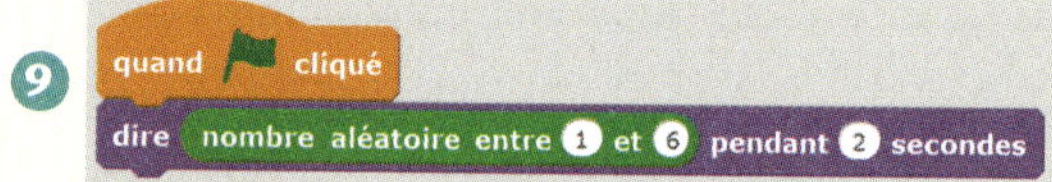

permet :

a. ☐ D'afficher un nombre aléatoire entre 1 et 6.

b. ☐ D'afficher un nombre entier aléatoire entre 1 et 6.

c. ☐ D'afficher 1 ou 6 de manière aléatoire.

10 Pour résoudre le problème suivant : « On place un capital de 1 000 € à un taux d'intérêt de 1,5 % annuel. Au bout de combien d'années double-t-on son capital ? », on doit utiliser la structure suivante :

a. ☐ Pour « année » de 1 à 100,
attribuer à « capital » la valeur « capital*1.015 »,
attribuer à « année » la valeur « année + 1 »,
écrire « année ».

b. ☐ Tant que « capital » < 2 000,
attribuer à « capital » la valeur « capital*1.015 »,
attribuer à « année » la valeur « année + 1 »,
écrire « année ».

Réponses :

1 b - 2 c - 3 c - 4 b - 5 a - 6 b - 7 a - 8 c - 9 b - 10 b.

Annexes

Formulaire numérique, statistiques et probabilités

1. Fractions

- Pour **additionner** ou **soustraire** deux fractions, il faut qu'elles aient un **même dénominateur**.
- Pour **multiplier** deux fractions, on multiplie les numérateurs entre eux, et les dénominateurs entre eux.
- Pour **diviser** deux fractions, on multiplie la première par l'inverse de la seconde.

2. Arithmétique

- Effectuer la **division euclidienne** de a par b, c'est trouver deux entiers naturels q et r tels que $a = bq + r$ avec $0 \leqslant r < b$; q est le **quotient entier** et r est le **reste**.
- Un nombre est **premier** s'il admet exactement deux diviseurs distincts : 1 et lui-même.
- Une fraction est **irréductible** si le numérateur et le dénominateur ont comme seul diviseur commun 1.

3. Puissances

Soit a et b deux nombres réels non nuls, on a :

$a^1 = a$; $a^0 = 1$; $a^{-n} = \dfrac{1}{a^n}$; $a^n \times a^p = a^{n+p}$; $\dfrac{a^n}{a^p} = a^{n-p}$;

$(a^n)^p = a^{n \times p}$; $a^n \times b^n = (ab)^n$; $\left(\dfrac{a}{b}\right)^n = \dfrac{a^n}{b^n}$.

4. Racines carrées

Si a est un nombre **positif**, alors $\sqrt{a}^2 = a$ et $\sqrt{a^2} = a$.

5. Calcul littéral

- $(a + b)^2 = a^2 + 2ab + b^2$; $(a - b)^2 = a^2 - 2ab + b^2$.
- $(a - b)(a + b) = a^2 - b^2$.

6. Résoudre une équation

- Du **premier degré** : il faut se ramener à une équation de référence du type $ax = b$ ou $x + a = b$.

• **Équation produit** : un produit de facteurs est nul si, et seulement si, l'un des facteurs au moins est nul.

7. Inégalités

• Si l'on multiplie ou divise les deux membres d'une inégalité par un même nombre strictement positif, le sens de l'inégalité est conservé.

• Si l'on multiplie ou divise les deux membres d'une inégalité par un même nombre strictement négatif, on change le sens de l'inégalité.

8. Fonctions linéaires

• Expression algébrique : $f(x) = ax$.

• Représentation graphique : **une droite passant par l'origine du repère**. C'est une « machine à multiplier » par un même nombre.

9. Fonctions affines

• Expression algébrique : $f(x) = ax + b$.

• Représentation graphique : **une droite**.

10. Statistiques

• La **fréquence** d'une valeur du caractère

$$= \frac{\text{effectif de la valeur étudiée}}{\text{effectif total}}.$$

• **Moyenne** $= \dfrac{\text{somme de toutes les valeurs}}{\text{nombre total de valeurs}}$.

• La **médiane** m d'une série statistique ordonnée est une valeur qui partage cette série en deux séries de même effectif.

• **Étendue = valeur maximale – valeur minimale.**

11. Probabilités

• Si A est un évènement, alors :

$0 \leqslant p(\text{A}) \leqslant 1$.

$p(\text{A}) = 1$ signifie que A est un évènement certain.

$p(\text{A}) = 0$ signifie que A est un évènement impossible.

$p(\text{A}) + p(\text{nonA}) = 1$.

• S'il y a équiprobabilité $p(\text{A}) = \dfrac{\text{nombre d'issues où A est réalisé}}{\text{nombre total d'issues}}$.

Formulaire de géométrie

1. Triangle rectangle et Pythagore

- Théorème de Pythagore : si ABC est rectangle en A, alors $BC^2 = BA^2 + AC^2$.
- Réciproque du théorème de Pythagore : si $BC^2 = BA^2 + AC^2$, alors le triangle ABC est un triangle rectangle en A.

2. Triangle rectangle et trigonométrie

Dans le triangle ABC rectangle en A, on a :

$$\cos \widehat{ABC} = \frac{BA}{BC} \qquad \sin \widehat{ABC} = \frac{AC}{BC} \qquad \tan \widehat{ABC} = \frac{CA}{BA}$$

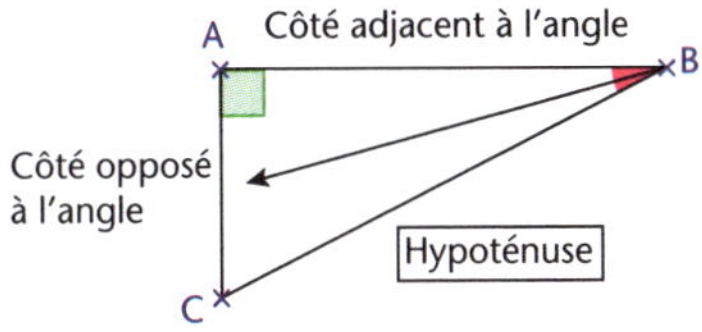

3. Propriété de Thalès

- Théorème de Thalès : soit (d) et (d') deux droites sécantes en A. B et N deux points distincts de (d). C et M deux points distincts de (d'). Si (BC) est **parallèle** à (MN), alors $\frac{AM}{AC} = \frac{AN}{AB} = \frac{MN}{BC}$.

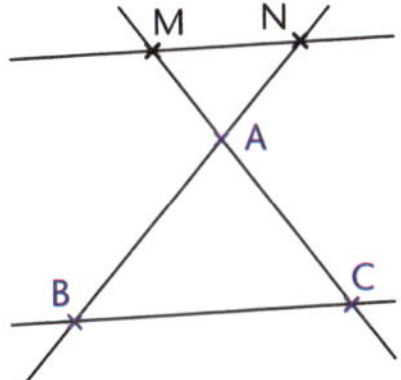

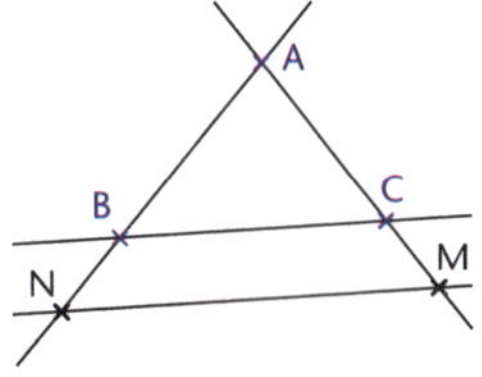

- Réciproque du théorème de Thalès : soit deux droites (d) et (d') sécantes en A. B et N deux points de (d) distincts de A. C et M deux points de (d') distincts de A.

Si les points A, B, N et A, C, M sont **dans le même ordre et si** $\frac{AN}{AB} = \frac{AM}{AC}$, **alors les droites (BC) et (MN) sont parallèles**.

4. Angles

- Dans un triangle, la somme des mesures des angles vaut 180°.
- Dans un parallélogramme, les côtés opposés sont deux à deux parallèles.
- Dans un parallélogramme, si deux angles **alternes-internes** ont la **même mesure**, alors les deux droites coupées par la sécante sont **parallèles**.

5. Transformations

- **Une translation** correspond à un glissement rectiligne, elle conserve les longueurs, les mesures d'angles et les aires.
- **Une symétrie centrale** correspond à un demi-tour autour d'un point, elle conserve aussi les longueurs, les mesures d'angles et les aires.
- **Une rotation** de centre O et d'angle donné conserve les longueurs, les mesures d'angles et les aires.
- **Une homothétie** de centre O et de rapport k, multiplie les longueurs par k (si k est positif) ou $-k$ (si k est négatif) et les aires par k^2. Elle conserve par contre les mesures d'angles.

6. Aires

- Rectangle = longueur × largeur.
- Carré = côté × côté.
- Parallélogramme = base × hauteur.
- Triangle = $\frac{\text{base} \times \text{hauteur}}{2}$.
- Cercle = $\pi \times R^2$.
- Sphère = $4 \times \pi \times R^2$.

7. Volumes

- Pavé droit = $L \times l \times h$.
- Prisme droit = aire de la base × hauteur.
- Pyramide et cône de révolution = $\frac{\text{aire de la base} \times \text{hauteur}}{3}$.
- Boule de rayon $R = \frac{4 \times \pi \times R^3}{3}$.

TICE : utilisation d'un tableur

1. Présentation

- Un tableur est un logiciel qui permet de manipuler des feuilles de calculs. Il se présente comme un tableau constitué de cellules dans lesquelles on peut insérer des nombres, du texte ou des formules.
- Il permet d'automatiser les calculs et de faire des graphiques.
- Les tableurs les plus utilisés sont Excel (Microsoft) ou le module Calc de Libreoffice.

2. Repérer une cellule

Les cellules sont repérées par une lettre suivie d'un numéro.

Exemple : La cellule B2 de la capture d'écran, ci-dessous, se trouve à l'intersection de la colonne B et de la deuxième ligne.

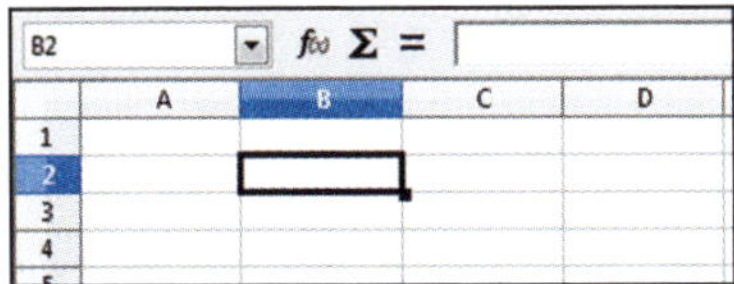

3. Écrire une formule « simple »

Étape 1 : Il suffit de commencer la formule « simple » par le signe égal puis d'écrire le calcul.

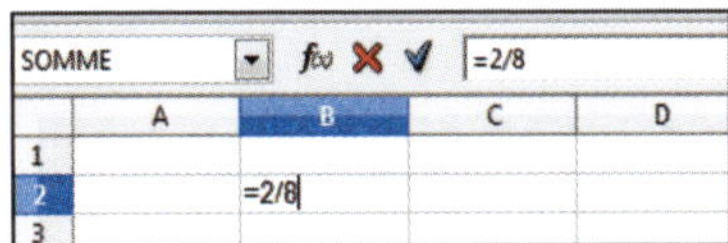

Étape 2 : Puis on appuie sur « Entrée ». On obtient alors une écriture décimale exacte ou approchée selon le calcul (ici 0,25).

4. Écrire une formule « plus complexe »

Exemple : Écrire une formule, dans la case C4, permet d'obtenir le produit des cellules B2 et B3.

C4 | fx Σ =

	A	B	C
1			
2		25	
3		7	
4			
5			

On se place dans la cellule C4 et on tape « =B2*B3 Entrée ». On obtient alors 175.

5. Utiliser une fonction

Étape 1 : On veut utiliser une formule pour obtenir dans la cellule C6 la somme des nombres de B1 à B5.

C6 | fx Σ =

	A	B	C
1		1	
2		4	
3		5	
4		7	
5		8	
6			

Étape 2 : On se place dans la cellules C6, on tape « =SOMME(B1;B5) ». On obtient alors 25.

Remarque : il existe d'autres fonctions prédéfinie dans le tableur (MOYENNE, Min...).

6. Étendre une formule

On veut étendre la formule aux cellules B2 et B3.

On clique sur la cellule B2. Le cadre de la cellule devient gras avec un petit carré en bas à droite. C'est une poignée que l'on doit « tirer » vers le bas.

SOMME | fx ✗ ✓ | =2*A2

	A	B	C
1	x	2x	
2	3	=2*A2	
3	4		
4	15		

B2 | fx Σ = | =2*A2

	A	B	C
1	x	2x	
2	3	6	
3	4		
4	15		

Physique-chimie
SVT
Technologie

Sommaire

PHYSIQUE-CHIMIE

Organisation et transformations de la matière

Mouvement et interactions

Énergie et conversions

Des signaux pour observer et communiquer

SCIENCES DE LA VIE ET DE LA TERRE

La planète Terre, l'environnement et l'action humaine

Le vivant et son évolution

Le corps humain et la santé

TECHNOLOGIE

Démarche de projet : design, innovation et créativité

Évolution des objets techniques, des services et des changements induits dans la société

Démarche scientifique : la modélisation et la simulation des objets techniques

Enseignement d'informatique : réseaux informatiques et programmation

La constitution de la matière

FICHE 1

1 Les états de la matière

- La matière peut se trouver sous trois états différents : solide, liquide ou gaz.
- Elle peut changer d'état en fonction des conditions de température et de pression.

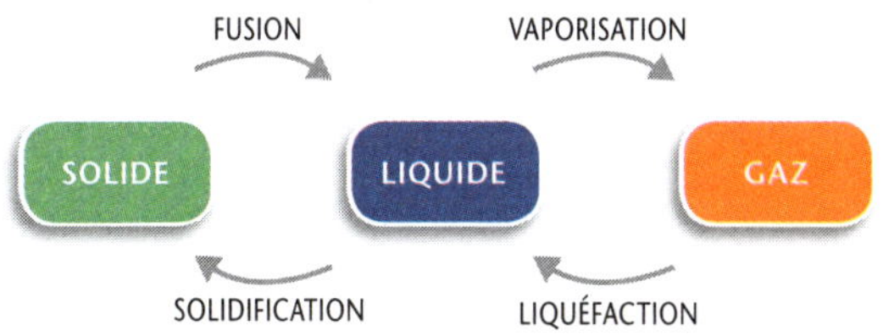

2 Les constituants de la matière

- La matière est constituée d'atomes. Chaque atome est représenté par un des symboles du tableau périodique des éléments. Sur Terre, les atomes d'hydrogène (H), de carbone (C), d'azote (N) et d'oxygène (O) jouent un rôle particulièrement important.
- Les atomes peuvent s'associer pour former des molécules. À chaque molécule correspond une formule chimique qui indique le nom et le nombre d'atomes qui la composent.

Exemple : La molécule d'eau H_2O est composée de deux atomes d'**hydrogène** (symbole **H**) et d'un atome d'**oxygène** (symbole O).

À retenir

Molécules à connaître :
- le dioxygène : O_2
- le diazote : N_2
- le dihydrogène : H_2
- le dioxyde de carbone : CO_2
- l'eau : H_2O

3 Les atomes

Un atome est constitué d'un noyau atomique et d'électrons.

a. Les électrons

- Ils sont tous identiques et portent une charge électrique élémentaire négative.

b. Le noyau atomique

À retenir

Un atome électriquement neutre possède autant de charges positives que de charges négatives.

- Il est constitué d'un assemblage de **protons** et de **neutrons**.
- Chaque proton porte une **charge électrique élémentaire positive**.
- Le neutron **ne possède pas de charge électrique**.
- Le noyau est caractéristique de l'atome : des atomes identiques ont des noyaux identiques ; des atomes différents ont des noyaux différents.

4 Les ions

- Un ion est un atome ou un groupe d'atomes qui a **perdu** ou **gagné** un ou plusieurs **électrons**. Il possède donc une **charge électrique** notée en haut à droite de sa formule chimique.

a. Les ions positifs : les cations

- Ce sont des atomes ou groupe d'atomes qui ont **perdu** un ou plusieurs **électrons**.

Exemple : L'atome Fe perd deux électrons pour former l'ion Fe^{2+}.

atome de fer $_{26}Fe$:

26 électrons (–)
26 protons (+)
26 neutrons

charge globale :
26(+) + 26(–) = 0

ion fer $_{26}Fe^{2+}$:

24 électrons (–)
26 protons (+)
26 neutrons

charge globale :
26(+) + 24(–) = 2(+)

b. Les ions négatifs : les anions

- Ce sont des atomes ou groupe d'atomes qui ont **gagné** un ou plusieurs **électrons**.

Exemple : L'atome Cl gagne 1 électron pour former l'ion Cl^-.

atome de chlore $_{17}Cl$:

ion chlorure $_{17}Cl^-$:

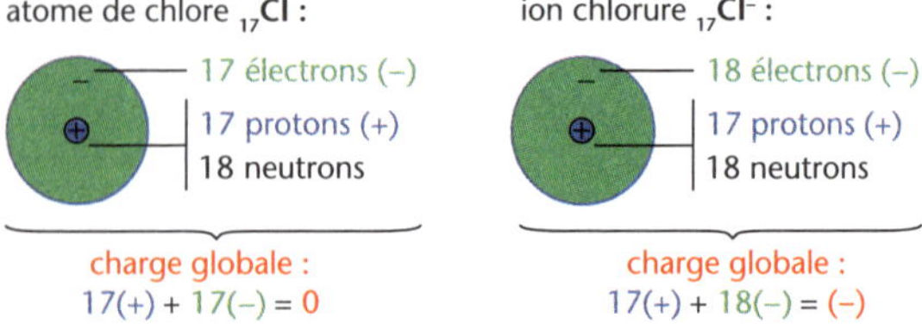

Les transformations chimiques

FICHE 2

1 Généralités

- Lors d'une **transformation physique** (un changement d'état par exemple) ou lors d'un **mélange**, les **espèces chimiques restent les mêmes**. Seule leur organisation change.
- Lors d'une **transformation chimique**, les atomes constituant les espèces chimiques s'associent différemment pour former de **nouvelles espèces**.

État initial
RÉACTIFS
Espèces chimiques qui vont se transformer

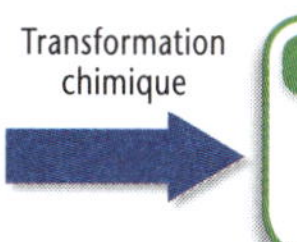

État final
PRODUITS
Nouvelles espèces chimiques

Exemple 1 : Fusion de la glace

Eau $_{(solide)}$ → Eau $_{(liquide)}$

La molécule ne change pas : c'est une transformation physique.

Exemple 2 : Combustion du fer

Fer + dioxygène → Oxyde de fer

Une nouvelle molécule s'est formée : c'est une transformation chimique.

2 Conservation de la masse lors d'une transformation chimique

- Lors d'une transformation chimique, la **masse des réactifs consommés** est **égale** à la **masse des produits formés**.

À retenir

Loi de Lavoisier :
« Rien ne se perd, rien ne se crée, tout se transforme ».

Exemple : La combustion complète de 5 g de carbone dans 14 g de dioxygène produit du dioxyde de carbone. Quelle est la masse de produit formé ?

Carbone + dioxygène ⟶ Dioxyde de carbone

Masse des réactifs consommés	Masse de produit formé
Carbone : 5 g + dioxygène : 14 g	5 + 14 = 19 g de dioxyde de carbone

La combustion produit 19 g de dioxyde de carbone.

3 Équation de réaction chimique

- Une **équation de réaction chimique** décrit les transformations chimiques qui ont eu lieu, en indiquant **le nombre et la formule des réactifs et des produits**.
- Elle **respecte la loi de Lavoisier** : les atomes constituant les réactifs se retrouvent en même nombre dans les produits.

Exemple 1 : La combustion du carbone dans le dioxygène produit du dioxyde de carbone.

Carbone + dioxygène → Dioxyde de carbone

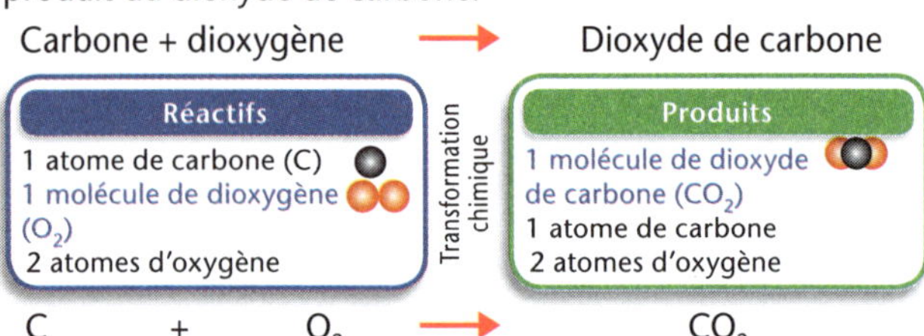

$$C + O_2 \rightarrow CO_2$$

1 atome de carbone (C) réagit avec 1 molécule de dioxygène (O_2) pour former 1 molécule de dioxyde de carbone (CO_2).

Exemple 2 : La transformation chimique du dihydrogène avec le dioxygène produit de l'eau.

Dihydrogène + dioxygène → Eau

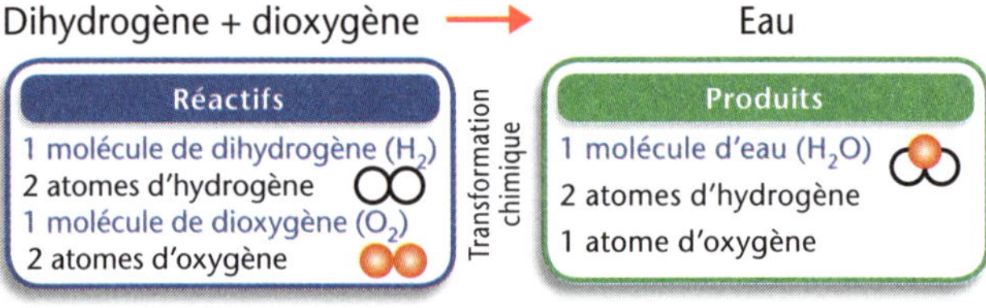

La conservation des atomes n'est pas respectée. Il faut modifier les proportions des molécules pour ***ajuster*** *l'équation de réaction chimique.*

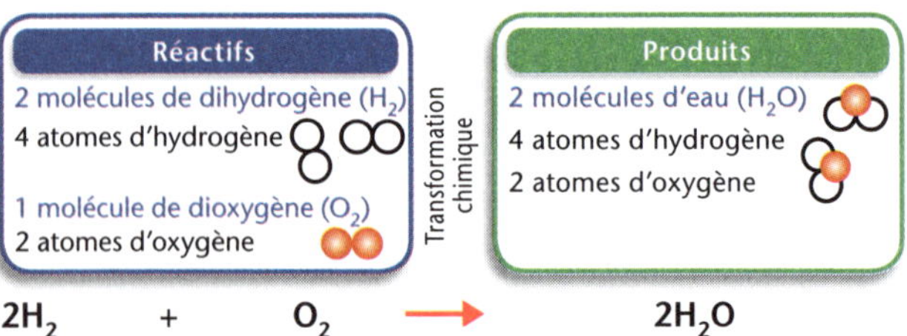

$$2H_2 + O_2 \rightarrow 2H_2O$$

2 molécules de dihydrogène ($2H_2$) réagissent avec 1 molécule de dioxygène (O_2) pour former 2 molécules d'eau ($2H_2O$).

Les propriétés acidobasiques

FICHE 3

1 Généralités

a. Le pH d'une solution aqueuse

- Le pH caractérise l'acidité d'une solution. C'est une grandeur sans unité qui varie entre 0 et 14.
- Le pH se mesure avec un pH-mètre ou du papier pH.

- Plus une solution est acide, plus son pH est proche de 0.
- Plus une solution est basique, plus son pH est proche de 14.
- Une solution est dite neutre si son pH est égal à 7.

Exemple 1 :
Eau de Javel : pH = 11
Eau de mer : pH = 8,5
Ce sont des solutions basiques car leur pH est supérieur à 7.
L'eau de Javel est plus basique que l'eau de mer car $pH_{\text{eau de Javel}} > pH_{\text{eau de mer}}$

Exemple 2 :
Vinaigre : pH = 3
Jus de citron : pH = 2,4
Ce sont des solutions acides car leur pH est inférieur à 7.
Le jus de citron est plus acide que le vinaigre car $pH_{\text{jus de citron}} < pH_{\text{vinaigre}}$

b. Ions et pH

- L'ion hydrogène H^+ est responsable du caractère acide d'une solution : plus il est concentré, plus la solution est acide.

Exemple : Solution d'acide chlorhydrique : ($H^+ + Cl^-$)

- L'ion hydroxyde HO^- est responsable du caractère basique d'une solution : plus il est concentré, plus la solution est basique.

À retenir
Lorsqu'on dilue une solution, son pH se rapproche de 7 car les ions sont moins concentrés.

Exemple : Solution d'hydroxyde de sodium : ($Na^+ + HO^-$)

- Le pH est neutre (pH = 7) lorsque la concentration des ions H^+ est égale à celle des ions HO^-. C'est le cas de l'eau pure.

c. Sécurité

- Les acides et les bases sont des produits corrosifs lorsqu'ils sont concentrés (ils peuvent ronger la peau en cas de contact ou de projection). Leur utilisation nécessite le port de gants, de lunettes de protection et d'une blouse.
- Ce danger est signifié par le pictogramme :

2 Transformations chimiques

a. Entre solutions acides et solutions basiques

- Les ions hydrogène (H^+) de la solution acide réagissent avec les ions hydroxyde (HO^-) de la solution basique pour former de l'eau :

$$H^+ + HO^- \longrightarrow H_2O$$

b. Entre solutions acides et métaux

À retenir

Des tests de reconnaissance permettent d'identifier les produits formés.

- Lorsqu'on introduit certains métaux dans de l'acide, il y a une transformation chimique.
- Ce sont les ions hydrogène (H^+) contenus dans les acides qui réagissent avec ces métaux pour former le gaz dihydrogène (H_2) et l'ion correspondant au métal.

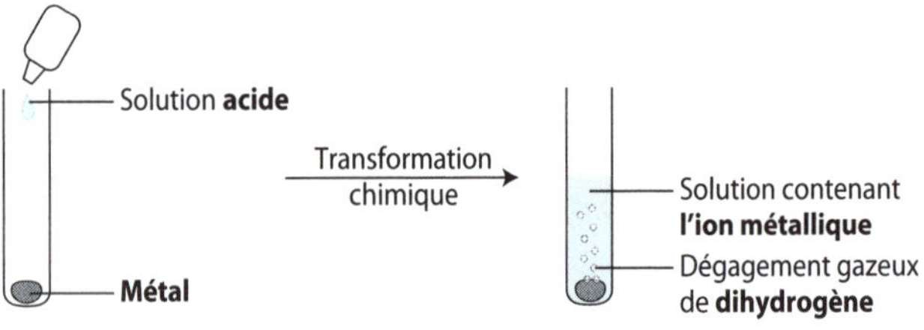

Exemple : Transformation chimique entre l'acide chlorhydrique et le fer.

Fer + acide chlorhydrique ⟶ Chlorure de fer II + dihydrogène

$Fe + 2(H^+ + Cl^-) \longrightarrow (Fe^{2+} + 2Cl^-) + H_2$

Les ions chlorures ne réagissent pas, ils sont dits spectateurs.

On peut alors simplifier l'équation bilan :

$Fe + 2H^+ \longrightarrow Fe^{2+} + H_2$

Un atome de fer (Fe) réagit avec deux ions hydrogène ($2H^+$) pour former l'ion fer II (Fe^{2+}) et une molécule de dihydrogène (H_2).

La matière dans l'Univers

FICHE 4

1 L'Univers

a. Formation

- L'Univers s'est formé il y a **environ 15 milliards d'années**.
- Il était dans un état hautement comprimé, et a entamé une phase d'**expansion** qui se poursuit encore aujourd'hui. C'est ce qu'on appelle le **Big Bang**. C'est à ce moment que se sont formés les éléments les plus présents dans l'Univers (l'hydrogène et l'hélium).

b. Structure

- Sous l'action des forces de gravitation, la matière s'est regroupée et organisée en **galaxies**.
- L'Univers contient des milliards de galaxies séparées par d'**immenses espaces vides**.

c. Distances

- Depuis le Big Bang, l'Univers a poursuivi son expansion : les galaxies s'éloignent les unes des autres.
- À cette échelle, le mètre n'est pas une unité adaptée. On utilise **l'année-lumière (al)**.

Une année lumière est la distance parcourue par la lumière dans le vide en une année (1 al = $9{,}46 \times 10^{15}$ m).

- L'Univers s'étend sur environ $4{,}3 \times 10^{26}$ mètres (soit environ 45 milliards d'années-lumière).

À retenir

L'année-lumière est une unité de distance.

2 La galaxie

- Notre galaxie s'appelle la **Voie Lactée**. Elle a la forme d'une spirale de diamètre 100 000 al.
- Elle regroupe des **milliards d'étoiles séparées par du vide**.

3 Le système solaire

• La région de la Voie Lactée où nous vivons est le **système solaire**. Il s'est formé à partir de gaz et de poussières provenant d'étoiles mortes il y a 4,6 milliards d'années.

À retenir

Le système solaire contient une seule étoile : le Soleil.

• Il est composé d'objets célestes (**8 planètes et leurs satellites, astéroïdes et comètes**), qui **gravitent** autour d'une **étoile (le Soleil), séparés par du vide**.

a. Le Soleil

• Il est principalement composé d'**hydrogène** et d'**hélium**.
• Sa température élevée permet des réactions nucléaires qui produisent des éléments plus lourds (carbone, oxygène, azote, silicium…).

b. Les planètes

Les planètes sont classées en 2 catégories :
• Les **4 planètes telluriques** (solides), proches du Soleil : Mercure, Vénus, Terre, Mars.
• Les **4 planètes géantes gazeuses**, plus éloignées : Jupiter, Saturne, Uranus, Neptune.

4 La Terre

• La Terre se trouve en moyenne à **$1,5 \times 10^8$ km** du Soleil. Cette distance entre la Terre et le Soleil est appelée **unité astronomique** (ua).
• La Terre est plutôt constituée **d'atomes lourds** (fer, oxygène, silicium, magnésium).
• La matière que nous observons autour de nous, qu'elle soit vivante ou inerte, est toujours constituée à partir d'atomes.
• Chaque atome est constitué d'un **noyau** et d'**électrons** en mouvement **séparés par du vide**. En se combinant entre eux, ces éléments ont formé des molécules puis des êtres vivants.
• **Tous les atomes qui nous constituent ainsi que la matière de notre environnement ont été produits par les étoiles.**

Exercice commenté pas à pas

Convertir des unités de distance

Exercice

Le tableau ci-dessous présente les distances entre le Soleil et différents objets de l'Univers.

Objet	Distance au Soleil
Vénus	108 milliards de m
Saturne	9,5 ua
Galaxie d'Andromède	2,5 millions d'al
Mercure	60 millions de km
Proxima du centaure	4,2 al
Uranus	$2{,}9 \times 10^{12}$ m

Données :
– L'unité astronomique (ua) correspond à la distance entre la Terre et le Soleil : 1 ua = $1{,}5 \times 10^{8}$ km.
– L'année-lumière (al) correspond à la distance parcourue par la lumière en une année : al = $9{,}46 \times 10^{12}$ km.

1. Rangez ces objets par ordre croissant de distance en justifiant votre réponse.
2. Regroupez les objets dont les distances au Soleil sont du même ordre de grandeur.

Avant de commencer

▶ Maîtriser les **calculs de proportionnalité.**
▶ Savoir convertir des **distances.**
▶ Savoir écrire un nombre en **écriture scientifique.**

Rappel : L'écriture scientifique d'un nombre est l'écriture de ce nombre sous la forme : $a \times 10^{n}$ (avec $1 \leq a < 10$).

Choisissez une unité commune (le km).

Écrivez toutes les distances en écriture scientifique.

- Écrire en écriture scientifique : Placez une virgule pour avoir un chiffre non nul avant la virgule et multipliez par la puissance de 10 correspondante.
$d_{Mercure}$ = 60 000 000 km = $6,0 \times 10^7$ km

- Convertir les m en km : 1 m = 0,001 km soit 1×10^{-3} km (multipliez la distance par cette valeur).
$d_{Vénus}$ = 108 000 000 000 m
$d_{Vénus} = 1,08 \times 10^{(11-3)}$ km
$d_{Vénus} = 1,08 \times 10^8$ km
$d_{Uranus} = 2,9 \times 10^{12}$ m
$d_{Uranus} = 2,9 \times 10^{(12-3)}$ km
$d_{Uranus} = 2,9 \times 10^9$ km

- Convertir les distances en ua en km : 1 ua = $1,5 \times 10^8$ km (multipliez la distance par cette valeur).
$d_{Saturne} = 9,5$ ua $= 9,5 \times 1,5 \times 10^8$ km
$d_{Saturne} = 1,425 \times 10^9$ km

- Convertir les distances en al en km : 1 al = $9,46 \times 10^{12}$ km (multipliez la distance par cette valeur).
$d_{Andromède}$ = 2 500 000 al
$d_{Andromède} = 2\,500\,000 \times 9,46 \times 10^{12}$ km
$d_{Andromède} = 2,365 \times 10^{19}$ km
$d_{Proxima} = 4,2$ al
$d_{Proxima} = 4,2 \times 9,46 \times 10^{12}$ km
$d_{Proxima} = 4 \times 10^{13}$ km

Rangez les valeurs dans l'ordre croissant.

Mercure – Vénus – Saturne – Uranus – Proxima du Centaure – Galaxie d'Andromède.

Pour déterminer l'ordre de grandeur, arrondissez à la puissance de 10 la plus proche.

Distance au Soleil	Valeur approchée	Ordre de grandeur
$d_{Mercure} = 6,0 \times 10^7$ km	$\approx 10 \times 10^7$ km (car $6 \geq 5$)	10^8 km
$d_{Vénus} = 1,08 \times 10^8$ km	$\approx 1 \times 10^8$ km	
$d_{Saturne} = 1,425 \times 10^9$ km	$\approx 1 \times 10^9$ km	10^9 km
$d_{Uranus} = 2,9 \times 10^9$ km	$\approx 1 \times 10^9$ km	
$d_{Proxima} = 4 \times 10^{13}$ km	$\approx 1 \times 10^{13}$ km	10^{13} km
$d_{Andromède} = 2,365 \times 10^{19}$ km	$\approx 1 \times 10^{19}$ km	10^{19} km

BILAN

Organisation et transformations de la matière

FICHE 6

THÈMES clés

NOTIONS clés

La matière se présente sous trois états : solide, liquide et gazeux.

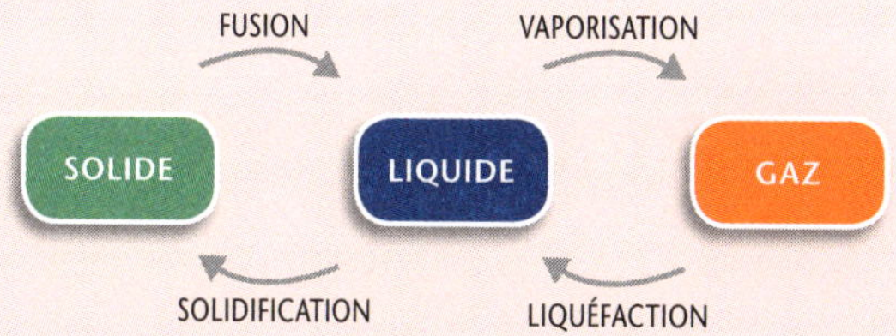

La matière est constituée d'atomes :

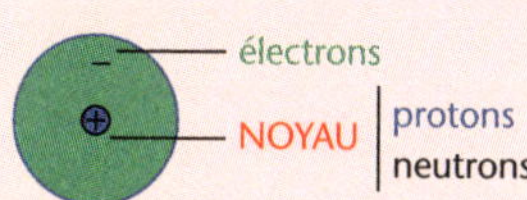

Les ions sont des atomes ou des molécules qui ont perdu ou gagné des électrons :
- ion positif (cation) : un ou plusieurs électrons perdus ;
- ion négatif (anion) : un ou plusieurs électrons gagnés.

De l'atome jusqu'à l'échelle cosmique, la structure de l'Univers est lacunaire (essentiellement occupée par du vide).

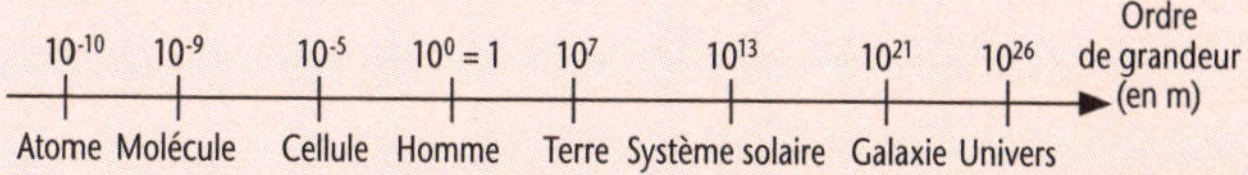

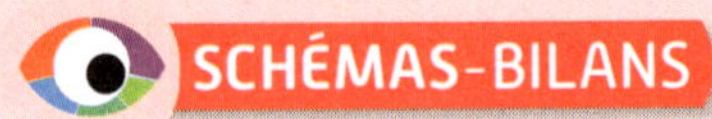

Les constituants de la matière

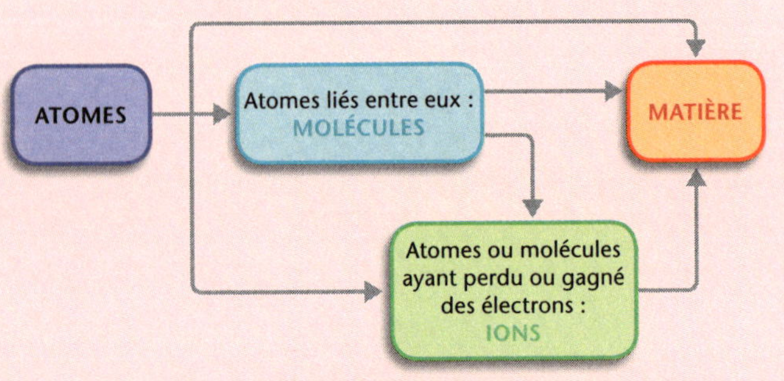

Les transformations chimiques

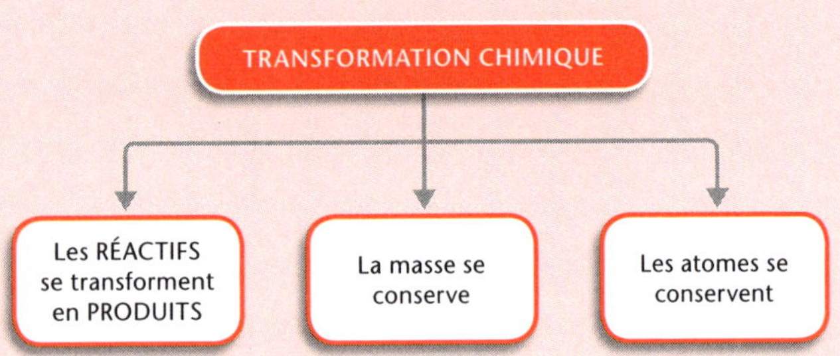

Les propriétés acidobasiques

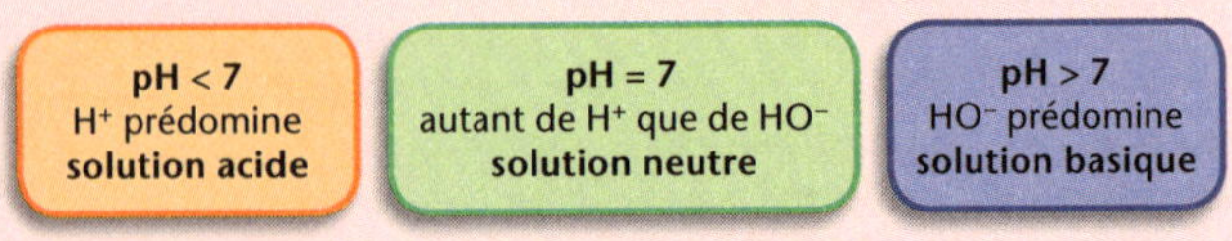

Quiz-bilan

→ *Réponses au verso.*

1 Le noyau atomique est composé :

a. ▢ de neutrons et d'électrons.
b. ▢ de neutrons et de protons.
c. ▢ d'électrons et de protons.

2 Les électrons ont une charge :

a. ▢ négative. b. ▢ positive. c. ▢ neutre.

3 Un atome d'oxygène gagne deux électrons. L'ion formé aura pour formule :

a. ▢ O^{2+}. b. ▢ $2O^{-}$. c. ▢ O^{2-}.

4 La molécule de protoxyde d'azote a pour formule N_2O. Elle contient :

a. ▢ deux atomes d'azote et un atome d'oxygène.
b. ▢ deux molécules d'azote et une molécule d'oxygène.
c. ▢ un atome d'azote et deux atomes d'oxygène.

5 Indiquez quelles sont les transformations chimiques :

a. ▢ fusion de la glace. b. ▢ combustion du méthane.
c. ▢ vaporisation de l'éthanol.

6 Une solution de pH = 6 présente un caractère :

a. ▢ neutre. b. ▢ basique. c. ▢ acide.

7 Le caractère basique d'une solution est dû à la présence :

a. ▢ d'eau. b. ▢ d'ions HO^{-}. c. ▢ d'ions H^{+}.

8 Lorsque le fer est en contact avec l'acide chlorhydrique :

a. ▢ il y a une transformation chimique.
b. ▢ le fer fond. c. ▢ cela produit du dioxygène.

9 Le diamètre de notre galaxie est de 850 000 000 000 000 000 km. Cela correspond à :

a. ▢ $8,5 \times 10^{17}$ km. **b.** ▢ $8,5 \times 10^{14}$ m. **c.** ▢ $8,5 \times 10^{20}$ m.

10 L'année-lumière est une unité :

a. ▢ de temps. **b.** ▢ de distance. **c.** ▢ de vitesse.

11 Le système solaire est composé de :

a. ▢ huit planètes et du Soleil séparés par de l'air.

b. ▢ huit planètes et de milliards d'étoiles séparées par du vide.

c. ▢ huit planètes et une étoile séparées par du vide.

Réponses :

1 b Il est constitué d'un assemblage de protons et de neutrons. – **2 a** Chaque électron porte une charge électrique élémentaire négative. – **3 c** L'ion possède une charge électrique (2 électrons donc 2–) notée en haut à droite. – **4 a** Une molécule est composée d'atomes dont le nombre est indiqué dans la formule chimique. – **5 b** Lors d'une transformation chimique, de nouvelles molécules apparaissent. – **6 c** pH < 7 : caractère acide. – **7 b** L'ion hydroxyde : HO^- est responsable du caractère basique d'une solution. – **8 a** Lorsqu'on introduit certains métaux (le fer) dans de l'acide, il y a une transformation chimique. – **9 a et c** $8,5 \times 10^{17}$ km = $8,5 \times 10^{17} \times 10^{3}$ m = $8,5 \times 10^{(17+3)}$ m. – **10 b** Une année-lumière est la distance parcourue par la lumière dans le vide en une année. – **11 c** Il est composé d'objets célestes (8 planètes et leurs satellites, astéroïdes et comètes), qui gravitent autour d'une étoile (le Soleil), séparés par du vide.

Caractéristiques d'un mouvement

FICHE 8

1 Relativité du mouvement

• L'état de mouvement ou de repos est défini par rapport à un objet de référence : le **référentiel**.

Exemple : Un passager assis dans un train qui démarre, est en mouvement par rapport au quai, mais au repos par rapport au siège sur lequel il est assis.

2 Vitesse

a. Caractéristiques

• La **vitesse** d'un objet est définie par sa **direction** (verticale, horizontale, etc.), son **sens** (vers le bas, vers la droite, etc.) et sa **valeur**.

• L'unité légale est le **mètre par seconde** (**m/s** ou **m.s^{-1}**).

b. Relation mathématique

• La **vitesse** (v) dépend de la **distance** parcourue (d) et du **temps** mis pour la parcourir (t).

$$v = \frac{d}{t}$$

- v : vitesse en m/s
- d : distance parcourue en m
- t : temps de parcours en s

Exemple : Déterminer la vitesse d'un train parcourant 400 km en 2 h 30 min. Arrondir le résultat au dixième.
d = 400 km et t = 2 h 30 min

• Conversion de la distance en mètres :
d = 400 km
d = 400 × 1 000
d = 400 000 m

À retenir

Il faut convertir les grandeurs dans l'unité demandée.
1 km = 1 000 m
1 min = 60 s
1 h = 60 min = 3 600 s

• Conversion du temps en secondes :
t = 2 h 30 min
t = (2 × 3 600) + (30 × 60)
t = 9 000 s

• Calcul de la vitesse :

$$v = \frac{400\,000}{9\,000}$$

v = 44,4 m/s
La vitesse du train est de 44,4 m/s.

3 Les différents types de mouvement

Un mouvement est défini par sa trajectoire et sa vitesse.

a. La trajectoire

- Si la **trajectoire** de l'objet en mouvement décrit une **droite**, le mouvement est dit **rectiligne**.
- Si la **trajectoire** de l'objet en mouvement décrit un **cercle**, le mouvement est dit **circulaire**.

b. La vitesse

- Le mouvement est dit **uniforme**, lorsque sa **vitesse** conserve la **même valeur** au cours du temps.
- Lorsque la valeur de la **vitesse augmente**, le mouvement est **accéléré**.
- À l'inverse, si la valeur de **la vitesse diminue**, le mouvement est dit **retardé ou ralenti**.

Exemple : Chronophotographie du mouvement d'un motard.

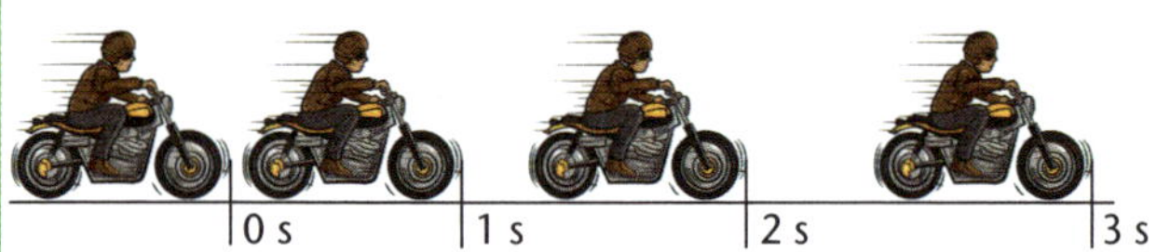

La trajectoire du motard est une droite : le mouvement est rectiligne.
La distance parcourue en 1 s par le motard augmente au cours du temps : le mouvement est accéléré.
Le motard a un mouvement rectiligne accéléré.

Calculer une vitesse, une distance, une durée

Exercice

Les panneaux d'entrée et de sortie d'une agglomération sont distants de 7 200 m.
(Rappel : la vitesse en agglomération est limitée à 50 km/h.)

1. Un automobiliste traverse l'agglomération en 6 minutes.

a. Quelle est sa vitesse moyenne en m/s ?

b. L'automobiliste est-il en infraction ?

2. Un scooter traverse l'agglomération à 12,5 m/s.
Quelle est la durée de son trajet en secondes ?

Avant de commencer

- Connaître la **relation mathématique** liant vitesse, distance et temps.
- Savoir **convertir** des distances.
- Savoir **convertir** des durées.

→ Convertissez la durée en secondes.

$t = 6$ min
1 min = 60 s donc :
$t = 6 \times 60$
$t = 360$ s

→ Appliquez la relation $v = \frac{d}{t}$.

$d = 7\,200$ m et $t = 360$ s

$$v = \frac{7\,200}{360}$$

$v = 20$ m/s
La vitesse moyenne de l'automobiliste est de 20 m/s.

Convertissez la vitesse en km/h pour pouvoir la comparer à 50 km/h.

La vitesse de l'automobiliste est de 20 m/s, donc il parcourt 20 m en 1 s.
Sachant que 1 h = 3 600 s, il parcourt donc :
20 × 3 600 = 72 000 m en 1 h.
Sachant que 1 km = 1 000 m, il parcourt donc :
$\frac{7\ 200}{1\ 000}$ = 72 km en 1 h.
On en déduit que la vitesse de l'automobiliste est de 72 km/h.
Cette vitesse est supérieure à la vitesse limite de 50 km/h, il est donc en infraction.

Transformez la relation $v = \frac{d}{t}$.

On multiplie les deux membres de l'égalité par t :

$v \times t = \frac{d}{t} \times t$

On simplifie le membre de droite par t : $v \times t = d$

On divise les deux membres par v : $\frac{v \times t}{v} = \frac{d}{v}$

En simplifiant le membre de gauche par v, on obtient : $t = \frac{d}{v}$

En remplaçant d et v par leurs valeurs, on a :

$t = \frac{7\ 200}{12{,}5}$

$t = 576$

La durée du trajet du scooter est donc de 576 s.

Modélisation d'une force

1 Les différents types d'interaction

Les interactions sont les **forces réciproques** mises en jeu lorsqu'un objet exerce une action sur un autre.
On les classe en deux catégories :

- **Interactions de contact**

Exemple : Interaction clou-marteau (le marteau exerce une force sur le clou et le clou exerce une force sur le marteau).

- **Interactions à distance**

Exemple : Interaction Terre-Lune (la Terre exerce une force sur la Lune et la Lune exerce une force sur la Terre).

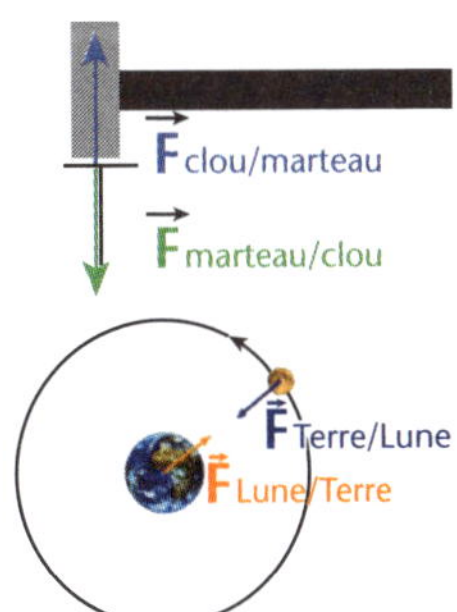

2 Caractéristiques d'une force

- La valeur d'une force se mesure avec un **dynamomètre**. Son unité est le **Newton (N)**.
- Pour définir une force, il faut déterminer :
  - son **point d'application** (point où s'exerce la force),
  - sa **direction** (droite selon laquelle s'exerce la force : horizontale, diagonale...),
  - son **sens** (vers où agit la force : vers le haut, vers la droite...),
  - sa **valeur** (exprimée en Newton).

À retenir

Il ne faut pas confondre **direction** et **sens**. Si on peut dire « vers quelque chose », il s'agit du sens.

- On la **représente par une flèche** de même direction que la force, orientée dans le sens de la force et dont la longueur est proportionnelle à sa valeur.
- Une force exercée par un émetteur vers un récepteur se note : $\vec{F}_{émetteur/récepteur}$

3 Loi de gravitation universelle

a. Cas général

- Tous les objets sont soumis à des forces d'attraction (interactions gravitationnelles).
- **Loi de gravitation universelle** : deux objets A et B s'attirent mutuellement avec une force de même valeur et de sens opposé.
- La **valeur** de ces forces **dépend de la masse** des objets **et de la distance** qui les sépare.

b. Sur Terre : la force de pesanteur ou poids

- Le **poids** ($\vec{P}$) est la **force** d'attraction exercée par la Terre sur les objets situés dans son voisinage.

À retenir

Le **poids** et la **masse** sont deux grandeurs différentes à ne pas confondre.

- Les caractéristiques du poids sont :
  - point d'application : **centre de gravité G**,
  - direction : **verticale**,
  - sens : **vers le bas**,
  - valeur : **exprimée en Newton**.
- La valeur du poids d'un objet est proportionnelle à la masse :

$P = m \times g$

- P : poids en N
- m : masse en kg
- g : intensité de pesanteur en N/kg

Exemple : Poids d'un astronaute ayant une masse de 75 kg sur Terre et sur la Lune.
Données : $g_{Terre} = 9{,}81$ N/kg et $g_{Lune} = 1{,}6$ N/kg

Sur Terre :
$P = 75 \times 9{,}81$
$P = 735{,}75$ N

Sur la Lune :
$P = 75 \times 1{,}6$
$P = 120$ N

Exercice commenté pas à pas

FICHE 11

Définir une force par ses caractéristiques

Exercice

La sonde Messenger a été conçue pour explorer Mercure. Son poids sur Terre est de 10 900 N.

1. Calculez la masse de la sonde (g_{Terre} = 10 N/kg).

2. Quel type d'interaction s'exerce entre la sonde et la Terre ?

3. Lors de son décollage, la sonde s'éloigne de la Terre.
En s'appuyant sur la loi de gravitation universelle, expliquez comment varie la force d'attraction de la Terre sur la sonde.

Loi de gravitation universelle :

$$F_{A/B} = \frac{m_A \times m_B}{d^2} \times G$$

- m_A : masse de la Terre
- m_B : masse de Messenger
- d : distance entre la sonde et le centre de la Terre
- G : constante de gravitation

4. Après un voyage de 7 ans, la sonde se place en orbite autour de Mercure. La planète Mercure exerce une force de 3 420 N sur Messenger.

a. Quelle est la valeur de la force exercée par Messenger sur Mercure ?

b. Donnez les caractéristiques de la force exercée par Mercure sur la sonde, et celle exercée par la sonde sur Mercure.

Avant de commencer

- Connaître les **types d'interaction.**
- Connaître les **caractéristiques d'une force.**
- Connaître la **relation mathématique** liant poids, masse et intensité de pesanteur.
- Savoir **exploiter une relation mathématique.**

Transformez la relation : $P = m \times g$

On divise les deux membres par g : $\frac{P}{g} = \frac{m \times g}{g}$

En simplifiant le membre de droite par g, on obtient : $m = \frac{P}{g}$

$m = \frac{10\,900}{10} = 1\,090$ kg

C'est une interaction à distance (interaction gravitationnelle).

Utilisez la loi de gravitation universelle.

La force d'attraction dépend de la masse de la Terre, de la masse de la sonde et de la distance qui sépare le centre de la Terre et la sonde. Lors de son décollage :
– les masses (m_A et m_B) ne changent pas ;
– la distance (d) augmente car la sonde s'éloigne de la Terre.
La force d'attraction est inversement proportionnelle au carré de cette distance, donc la force diminue.

Définissez les caractéristiques de ces forces.

D'après la loi de gravitation universelle, Mercure et la sonde Messenger s'attirent mutuellement avec une force de même valeur et de sens opposé. On en déduit :

$F_{Mercure/sonde} = F_{sonde/Mercure} = 3\,420$ N

$F_{Mercure/sonde}$
- **Point d'application** : centre de gravité de la sonde
- **Direction** : droite reliant le centre de gravité de Mercure et de la sonde
- **Sens** : vers Mercure (Mercure attire la sonde)
- **Valeur** : 3 420 N

$F_{sonde/Mercure}$
- **Point d'application** : centre de gravité de Mercure
- **Direction** : droite reliant le centre de gravité de Mercure et de la sonde
- **Sens** : vers la sonde (la sonde attire Mercure)
- **Valeur** : 3 420 N

Mouvement et interactions

MÉMO

THÈMES clés

Caractéristiques d'un mouvement : fiche 8

Modélisation d'une force : fiche 10

DÉFINITIONS clés

Interactions : les interactions peuvent être de contact ou à distance. Elles sont modélisées par des forces.

Loi de gravitation universelle : loi qui gouverne l'Univers. Sa valeur dépend de la masse des objets et de la distance qui les sépare.

Poids : le poids est une force d'attraction. Il se mesure en Newton.

Référentiel : un mouvement se définit toujours par rapport à un objet référentiel.

Vitesse : la vitesse est définie par sa direction, son sens et sa valeur.

FORMULES clés

$$v = \frac{d}{t} \quad \begin{cases} v \text{ en m/s} \\ d \text{ en m} \\ t \text{ en s} \end{cases} \quad \text{ou} \quad \begin{cases} v \text{ en km/h} \\ d \text{ en km} \\ t \text{ en h} \end{cases}$$

$$P = m \times g \quad \begin{cases} P \text{ en N} \\ m \text{ en kg} \\ g \text{ en N/kg} \end{cases}$$

Caractéristiques d'un mouvement

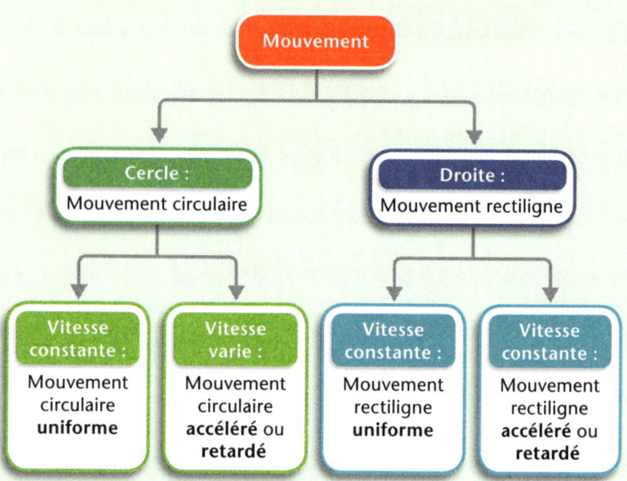

Caractéristiques d'une force

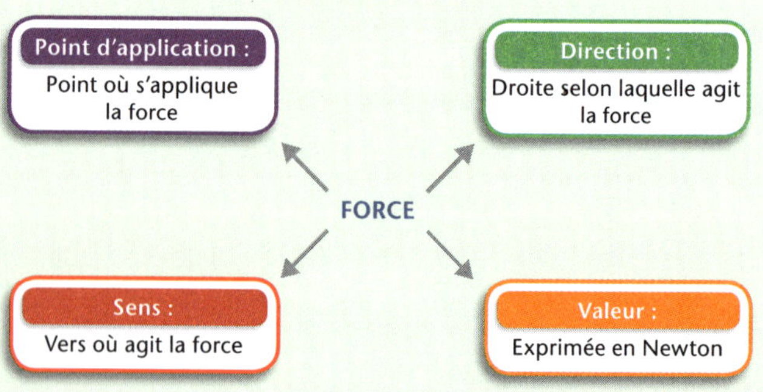

Quiz-bilan

FICHE 13

→ *Réponses au verso.*

1 Un passager d'un train est en mouvement par rapport :

a. ☐ au passager assis en face de lui.
b. ☐ à la vache qui regarde passer le train.
c. ☐ aux rails.

2 L'unité légale de mesure de la vitesse est :

a. ☐ le km/h. b. ☐ le m/s. c. ☐ le m.s.

3 La relation mathématique permettant de calculer la vitesse est :

a. ☐ $v = d \times t$ b. ☐ $v = \frac{d}{t}$ c. ☐ $v = \frac{t}{d}$

4 La vitesse d'un cycliste qui parcourt 55 km en 2 h 30 min est :

a. ☐ 55 km/h. b. ☐ 22 km/h. c. ☐ 22 m/s.

5 Un randonneur marche à une vitesse moyenne de 1,5 m/s. Combien de temps mettra-t-il pour atteindre un gîte distant de 27 km ?

a. ☐ 360 minutes. b. ☐ 25 heures. c. ☐ 5 heures.

6 L'unité légale de mesure du poids est :

a. ☐ le kilogramme.
b. ☐ le gramme par seconde.
c. ☐ le Newton.

7 Un chat a une masse de 6 kg. Sachant que g = 9,81 N/kg sur Terre, son poids est :

a. ☐ 58,9 N. b. ☐ 58,9 kg. c. ☐ 0,6 N.

8 Sur la Lune, un haltère de 120 kg aura une masse :

a. ☐ inférieure à 120 kg.

b. ☐ égale à 120 kg.

c. ☐ supérieure à 120 kg.

9 La force d'attraction du Soleil sur la Terre et la force d'attraction de la Terre sur le Soleil ont :

a. ☐ la même direction, le même sens et la même intensité.

b. ☐ la même direction, des sens opposés et la même intensité.

c. ☐ des directions différentes, le même sens et la même intensité.

10 Un pot de fleurs tombe d'un rebord de fenêtre sous l'action de la force d'attraction de la Terre qui a une intensité de 19 N. La force d'attraction du pot de fleur sur la Terre a pour intensité :

a. ☐ 19 N. b. ☐ environ 190 N. c. ☐ 0,000001 N.

Réponses :

1 b et c L'état de mouvement ou de repos est défini par rapport à un objet de référence : le référentiel. – 2 b L'unité légale est le mètre par seconde (m/s ou $m.s^{-1}$). – 3 b L'unité légale de la vitesse est le m/s, le mètre pour la distance et la seconde pour le temps. On peut aussi exprimer la vitesse en km/h ; la distance en km et le temps en h. – 4 b 2 h 30 = 2,5 h donc $v = 55/2,5$ en km/h. – 5 c 27 km = 27 000 m ; $t = d/v$ donc $t = 27\,000/1,5$ = 18 000 s. On divise par 3 600 pour obtenir le résultat en heures. – 6 c Le gramme par seconde ne correspond à aucune grandeur ; le Newton est une unité de force. – 7 a $P = m \times g = 6 \times 9,81$. Le poids est une force et s'exprime en Newton. – 8 b La masse garde la même valeur quel que soit l'endroit où se trouve un objet, seul le poids change. – 9 b C'est la loi de gravitation universelle : deux objets A et B s'attirent mutuellement avec une force de même valeur, de même direction et de sens opposé. – 10 a Loi de gravitation universelle : deux objets A et B s'attirent mutuellement avec une force de même valeur.

Les formes d'énergie

FICHE 14

1 Différentes formes d'énergie

• L'énergie est une grandeur qui se conserve et qui existe sous différentes formes.
• Tout ce qui vit, fonctionne et évolue nécessite des transferts d'énergie. Cela implique que dans le monde qui nous entoure, l'énergie se convertit sans cesse d'une forme à une autre.

2 Conversions d'énergie

a. Énergie chimique

• C'est l'énergie libérée par les atomes ou les molécules lors des transformations chimiques.

Exemple : Fonctionnement d'une pile

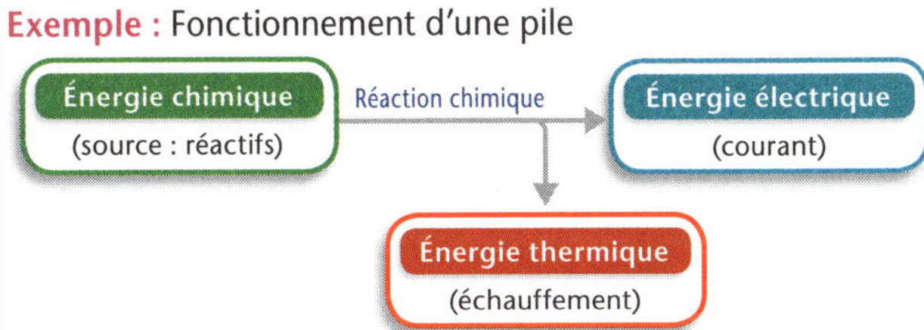

b. Énergie nucléaire

• C'est l'énergie libérée par des réactions nucléaires (au niveau des noyaux des atomes). Ces réactions ont lieu dans les étoiles et les centrales nucléaires.

Exemple : Le Soleil

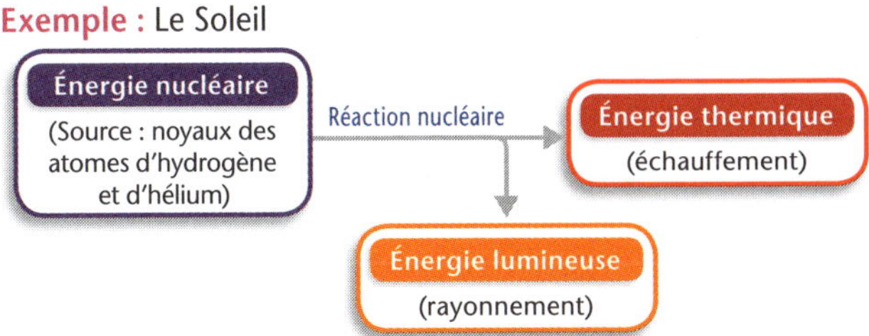

c. Énergie cinétique

• C'est l'énergie due à la vitesse des objets en mouvement.

- L'énergie cinétique (E_c) dépend de la masse et de la vitesse des objets :

$$E_c = \frac{1}{2} \times m \times v^2$$

- E_c : énergie cinétique en joule (J)
- m : masse en kg
- v : vitesse en m/s

À retenir

L'unité légale de mesure de l'énergie est le **joule**.
Il existe d'autres unités : la calorie (cal), la tonne d'équivalent pétrole (tep), le kilowatt-heure (kWh)...

Exemple : Calculer l'énergie cinétique d'une balle de tennis de masse m = 57 g servie à la vitesse de 60 m/s.

m = 0,057 kg et v = 60 m/s

$E_c = \frac{1}{2} \times 0{,}057 \times 60^2$

E_c = 102,6 J

d. Énergie potentielle

- L'énergie potentielle est liée à l'altitude d'un objet et donc à la possibilité de descendre par gravité. Elle est due à l'attraction terrestre.

Exemple : La centrale hydroélectrique

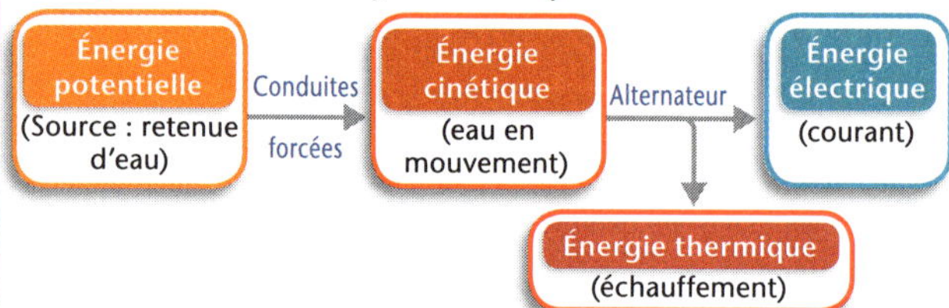

3 Conservation de l'énergie

- Au cours d'une conversion, l'énergie se conserve : la quantité d'énergie sous sa forme initiale est égale à la somme des quantités d'énergie sous leurs formes finales.

4 Bilan énergétique : l'exemple de la pile

Énergie chimique = Énergie électrique + Énergie thermique

- Lors d'une conversion, une partie de l'énergie est convertie dans une forme qui n'est pas toujours utilisable : même si la conservation de l'énergie est respectée, une partie est alors « perdue ».
- L'énergie thermique, libérée lors du fonctionnement d'une pile, n'est pas utilisée.

Intensité et tension

FICHE 15

1 Intensité : I

• Elle se mesure en ampère (A) à l'aide d'un **ampèremètre**.

À retenir

Un ampèremètre se branche toujours en **série**.

a. Intensité dans les circuits en série

• **Loi d'unicité de l'intensité :** dans un circuit en série, la valeur de l'intensité du courant est la même en tout point du circuit, quel que soit l'ordre des dipôles.

b. Intensité dans les circuits en dérivation

• **Loi d'additivité des intensités :** dans un circuit en dérivation, la valeur de l'intensité de la branche principale est égale à la somme des intensités dans les branches dérivées.

À retenir

La branche principale est la branche qui contient le **générateur**.

Exemple : L'intensité de la branche principale se partage dans les branches dérivées :

$$I_1 = I_2 + I_3 = I_4$$

Si $I_2 = 0,2$ A et $I_3 = 0,35$ A, alors :
$I_1 = 0,2 + 0,35$
$I_1 = 0,55 \text{ A} = I_4$

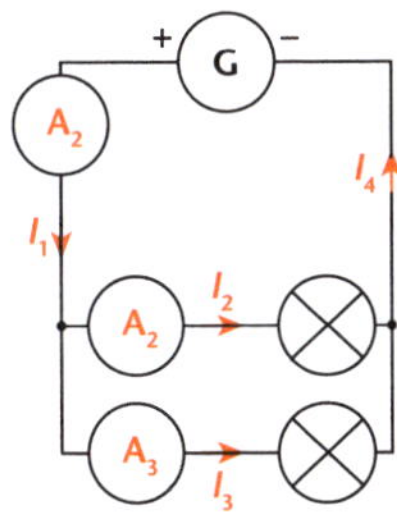

2 Tension : U

• Elle se mesure en volt (V) à l'aide d'un **voltmètre**.

À retenir

Un voltmètre se branche toujours en **dérivation**.

a. Tension dans les circuits en série

• **Loi d'additivité des tensions :** dans un circuit en série, la tension aux bornes du générateur est égale à la somme des tensions aux bornes des autres dipôles.

À retenir

La tension aux bornes d'un interrupteur (K) dépend de son état :
– fermé : $U_K = 0$ V
– ouvert : $U_K = U_G$

Exemple : La tension aux bornes du générateur se partage :

$$U_G = U_{L1} + U_{L2} + U_K$$

Si $U_{L1} = 3$ V et $U_{L2} = 4,5$ V
$U_K = 0$ V (interrupteur fermé), alors :
$U_G = 3 + 4,5 = 7,5$ V

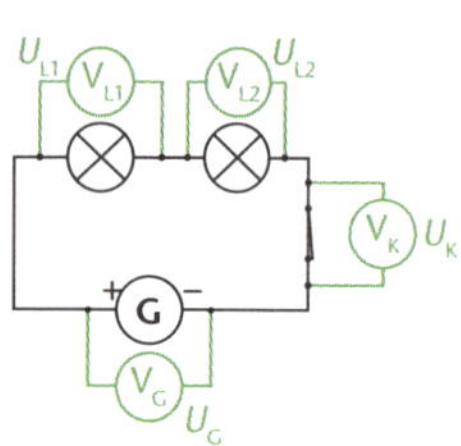

b. Tension dans les circuits en dérivation

- **Loi d'unicité des tensions :** dans un circuit en dérivation, la tension aux bornes des branches en dérivation est égale à la tension aux bornes de la branche principale.

3 Relation tension-intensité : loi d'Ohm

- **Loi d'Ohm :** la tension aux bornes d'une résistance est proportionnelle à l'intensité du courant qui la traverse.

$U = R \times I$

- U : tension en V
- R : résistance en Ω
- I : intensité en A

Exemple : Calculer U.
Données : $R = 75$ Ω et $I = 0,05$ A
$U = 75 \times 0,05 = 3,75$ V

Caractéristique d'une résistance

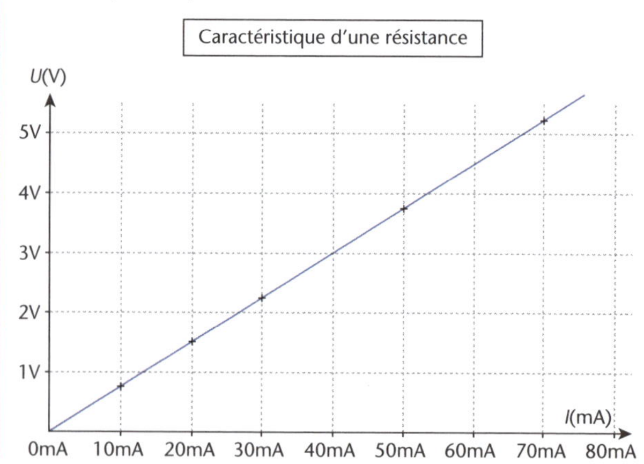

- La **caractéristique** d'une résistance est une **droite passant par l'origine**.

Exercice commenté pas à pas

Utiliser les lois d'additivité et d'unicité

Exercice 1

Adrien et Julia ont réalisé le circuit schématisé ci-contre. Ils observent que L_2 brille moins que L_1. Adrien pense que c'est parce que l'intensité I_2 est plus faible que I_1. Pour vérifier son hypothèse, il propose de brancher un ampèremètre dans la branche contenant L_2.

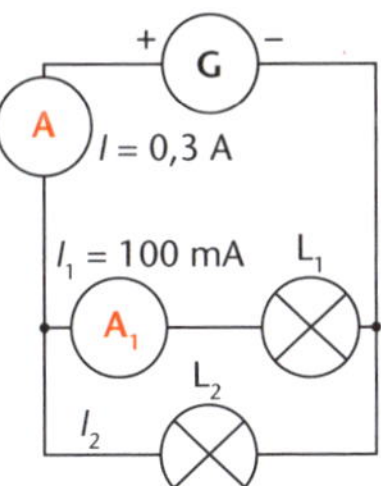

D'après Julia, ce n'est pas nécessaire pour connaître la valeur de I_2.

1. De quel type de circuit s'agit-il ?

2. Expliquez comment Julia peut déterminer la valeur de l'intensité traversant L_2 sans utiliser d'ampèremètre.

3. Calculez cette intensité.

Avant de commencer

- Différencier **circuit en dérivation** et **circuit en série.**
- Connaître la **loi d'additivité des intensités.**
- Savoir **convertir** des unités de mesures.

→ Déterminez s'il s'agit d'un circuit en série ou en dérivation.

Le circuit est constitué de plusieurs branches : c'est un circuit en dérivation.

→ Appliquez la loi d'additivité des intensités à ce circuit.

$I = I_1 + I_2$
$I - I_1 = I_1 - I_1 + I_2$
On en déduit : $I_2 = I - I_1$
Julia peut ainsi déterminer la valeur de l'intensité I_2.

Exprimez toutes les intensités dans la même unité et remplacez-les par leurs valeurs.

I_1 = 100 mA, donc I_1 = 0,1 A
I_2 = 0,3 – 0,1 = 0,2 A

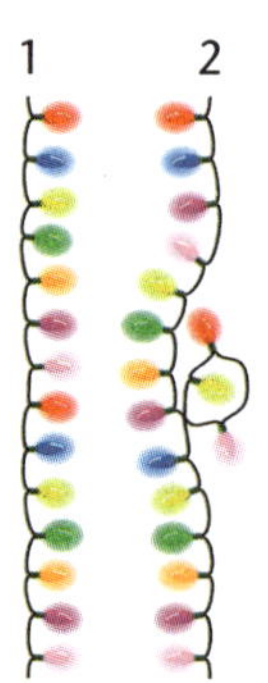

Exercice 2

Nadia a acheté une guirlande pour décorer son sapin de Noël.
Cette guirlande est alimentée par le secteur (220 V) et constituée de deux groupes de 16 lampes identiques branchées en dérivation.
Déterminez sous quelle tension fonctionne chaque lampe.

Avant de commencer

- Différencier **circuit en dérivation** et **circuit en série.**
- Connaître les **lois d'unicité** et **d'additivité des tensions.**

Déterminez la valeur de la tension aux bornes des branches dérivées.

Chaque groupe de lampes est branché en dérivation.
On applique la loi d'unicité des tensions.
$U_{\text{secteur}} = U_{\text{branche 1}} = U_{\text{branche 2}} = 220$ V

Déterminez la valeur de la tension aux bornes de chaque lampe.

Dans une même branche, les lampes sont branchées en série.
On applique la loi d'additivité des tensions dans chaque branche : la somme des tensions aux bornes des 16 lampes est égale à 220 V. Chaque lampe étant identique, on a :
$16 \times U_L = 220$
On en déduit : $U_L = \dfrac{220}{16} = 13{,}75$ V

Puissance et énergie électrique

FICHE 17

1 Puissance

a. Généralités

- La puissance est la quantité d'énergie échangée en 1 seconde.
- Elle se note P et s'exprime en **watt (W)**.

Exemples :

Lampe basse consommation	Réfrigérateur	Voiture	Réacteur nucléaire du Blayais
P = 15 W	P = 200 W	P = 80 kW	P = 910 MW (mégawatt)

b. Relation mathématique

- La puissance P reçue par un appareil électrique est égale au produit de la tension U entre ses bornes par l'intensité I du courant qui le traverse.

$$P = U \times I \qquad \begin{cases} P : \text{puissance en W} \\ U : \text{tension entre ses bornes en V} \\ I : \text{intensité du courant en A} \end{cases}$$

Exemple : Puissance d'une lampe soumise à 230 V et traversée par une intensité de 260 mA.
U = 230 V et I = 0,260 A
P = 230 x 0,260 = 59,8 W

2 Sécurité électrique

- Si une installation comporte plusieurs appareils électriques, alors la puissance électrique totale consommée est égale à la somme des puissances consommées par chaque appareil.

Exemple : Dans une maison, on utilise en même temps un fer à repasser (300 W), un lave-linge (2 500 W) et un téléviseur (150 W).
La puissance électrique totale consommée est :
P = 300 + 2 500 + 150 = 2 950 W

- Une mauvaise utilisation de l'installation électrique peut entraîner une **surintensité**. Cela provoque un échauffement du circuit pouvant aller jusqu'à l'incendie.

- Il existe deux causes principales de surintensité :
– trop d'appareils branchés sur une multiprise ;
– deux fils (fils de phase et de neutre) entrant en contact accidentel : court-circuit.

À retenir

Plus la puissance totale des appareils branchés sur une même prise est grande, plus la valeur de l'intensité est importante.

- Les **coupe-circuits** protègent l'installation électrique et le matériel en ouvrant le circuit quand l'intensité dépasse la valeur maximale admissible par l'installation.

- En cas d'électrisation d'un utilisateur, le **disjoncteur différentiel** détecte le courant de fuite qui traverse la victime et coupe le circuit électrique.

3 Énergie électrique

- L'énergie se note E. Son unité légale est le **joule (J)**.

a. Relation mathématique

- L'énergie électrique E consommée par un appareil de puissance P pendant une durée t est donnée par la relation :

$$E = P \times t \quad \begin{cases} E : \text{énergie en J} \\ P : \text{puissance en W} \\ t : \text{temps en s} \end{cases} \quad \text{ou} \quad \begin{cases} E : \text{énergie en kWh} \\ P : \text{puissance en kW} \\ t : \text{temps en h} \end{cases}$$

b. Consommation d'énergie électrique

- Pour l'énergie électrique, l'unité usuelle est le **kilowatt-heure (kWh)**.

- 1 kWh correspond à l'énergie consommée par un appareil de puissance 1 kW pendant 1 h :
$1 \text{ kWh} = 1\,000 \text{ W} \times 3\,600 \text{ s} = 3\,600\,000 \text{ J} = 3{,}6 \times 10^6 \text{ J}$

Exemple : Un sèche-serviette de puissance 900 W est programmé pour fonctionner 6 h par jour. 1 kWh est facturé 0,15 €.
En une journée, l'appareil consomme une énergie E :
$E = 0{,}9 \times 6 = 5{,}4$ kWh
Son coût d'utilisation est donc de :
$5{,}4 \times 0{,}15 = 0{,}81$ € par jour.

Calculer une puissance, une énergie, une durée

Exercice 1

Pour préparer les petits déjeuners des pensionnaires de sa chambre d'hôtes, la maîtresse de maison dispose d'une bouilloire (2 200 W), d'un grille-pain (1 250 W), d'une cafetière (900 W) et d'un presse-agrumes (250 W). L'établissement est alimenté par une tension de 230 V.

1. Sachant que sur le tableau électrique le coupe-circuit commandant la prise limite l'intensité à 16 A, peut-elle brancher tous les appareils sur cette prise au moyen d'une multiprise ?
2. Une seule prise est disponible. Quel(s) appareil(s) peut-elle débrancher pour pouvoir utiliser l'installation en toute sécurité ?

Avant de commencer

▶ Connaître la **relation mathématique** liant puissance, tension et intensité.

→ Calculez la puissance totale des appareils.

2 200 + 1 250 + 900 + 250 = 4 600 W

→ Calculez la puissance maximale autorisée par l'installation avec la relation $P = U \times I$

$P = 230 \times 16 = 3\,680$ W

→ Comparez les deux valeurs.

Comme 4 600 > 3 680, elle ne peut donc pas brancher tous les appareils sur la même multiprise.
Elle peut débrancher la bouilloire (4 600 – 2 200 = 2 400 W) ou le grille-pain (4 600 – 1 250 = 3 350 W) ou la cafetière et le presse-agrumes (4 600 – 900 – 250 = 3 450 W).

Débrancher la cafetière ou le presse-agrumes seuls ne permettent pas d'utiliser l'installation en toute sécurité.

Exercice 2

On dispose d'un téléviseur dont l'étiquette, où figure la puissance de l'appareil, s'est décollée. On souhaite retrouver cette puissance, sachant que l'on ne dispose que du compteur électrique et d'une montre. Proposez une méthode permettant de déterminer la puissance en watt du téléviseur.

Avant de commencer

► Connaître la **relation mathématique** liant énergie, puissance et temps.

► Savoir **exploiter une relation mathématique**.

Le compteur électrique indique l'énergie consommée en kWh. Si on fait fonctionner l'appareil pendant une heure, on pourra en déduire sa puissance en kW, puis en W.
– Relever la valeur initiale affichée sur le compteur électrique.
– S'assurer qu'**aucun autre appareil électrique** n'est en fonctionnement dans la maison.
– Mettre le téléviseur en marche en notant l'heure exacte.
– Arrêter l'appareil au bout d'une heure.
– Noter la valeur finale affichée par le compteur électrique et faire la différence avec la valeur initiale : le résultat est l'énergie consommée en une heure.

→ Transformez la relation : $E = P \times t$.

On divise les deux membres par t : $\frac{E}{t} = \frac{P \times t}{t}$

En simplifiant le membre de droite par t, on obtient : $P = \frac{E}{t}$

Comme $t = 1$ h, $P = \frac{E}{t} = E$

– Convertir la puissance en kW en W et rédiger la réponse.

Énergie et conversions

MÉMO

THÈMES clés

Les formes d'énergie : fiche 14

Intensité et tension : fiche 15

Puissance et énergie électrique : fiche 17

FORMULES clés

$E_c = \frac{1}{2} \times m \times v^2$ $\begin{cases} E_c \text{ en J} \\ m \text{ en kg} \\ v \text{ en m/s} \end{cases}$

$U = R \times I$ $\begin{cases} U \text{ en V} \\ R \text{ en } \Omega \\ I \text{ en A} \end{cases}$

$P = U \times I$ $\begin{cases} P \text{ en W} \\ U \text{ en V} \\ I \text{ en A} \end{cases}$

$E = P \times t$ $\begin{cases} E \text{ en J} \\ P \text{ en W} \\ t \text{ en s} \end{cases}$

NOTIONS clés

Bilan énergétique : au cours d'un transfert ou d'une conversion, les quantités d'énergie restent les mêmes.

Énergie : l'énergie existe sous différentes formes. Elle est transférée ou se convertit sans cesse.

Intensité et tension : les valeurs de ces grandeurs dépendent du type de circuit électrique et de sa composition.

Loi d'ohm : la tension aux bornes d'une résistance est proportionnelle à l'intensité.

Puissance : la puissance est la quantité d'énergie échangée en une seconde.

SCHÉMAS-BILANS

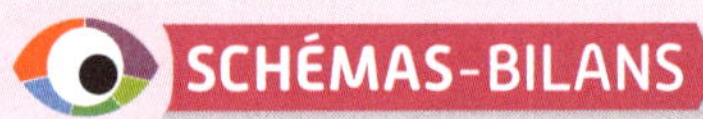

Lois de l'intensité et de la tension

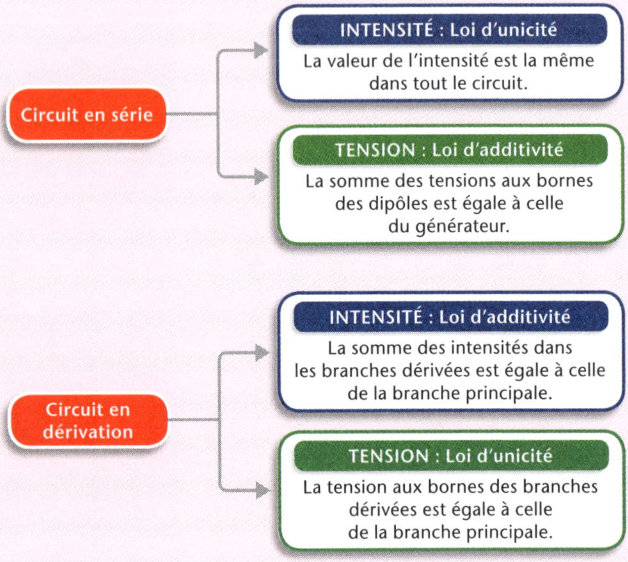

Circuit en série
INTENSITÉ : Loi d'unicité
La valeur de l'intensité est la même dans tout le circuit.
TENSION : Loi d'additivité
La somme des tensions aux bornes des dipôles est égale à celle du générateur.
Circuit en dérivation
INTENSITÉ : Loi d'additivité
La somme des intensités dans les branches dérivées est égale à celle de la branche principale.
TENSION : Loi d'unicité
La tension aux bornes des branches dérivées est égale à celle de la branche principale.

Conservation de l'énergie

Énergie fournie par la source
Convertisseur
Énergie réutilisable
Énergie « perdue »

Énergie de la source = Énergie utilisable + Énergie « perdue »

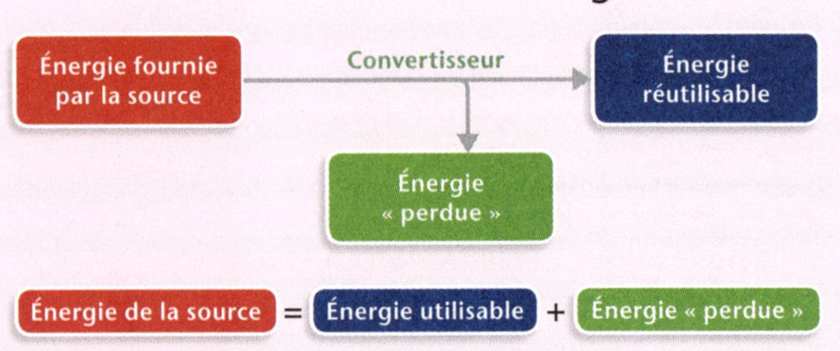

Quiz-bilan

FICHE 20

→ *Réponses au verso.*

1 L'énergie cinétique d'un objet dépend :

a. ☐ de sa masse et de son altitude.
b. ☐ de sa masse et de sa vitesse.
c. ☐ de sa vitesse et de son altitude.

2 La quantité d'énergie se mesure en :

a. ☐ joule. b. ☐ watt. c. ☐ kilowatt-heure.

3 L'appareil de mesure de l'intensité est un :

a. ☐ ampèremètre. b. ☐ voltmètre. c. ☐ chronomètre.

4 Dans un circuit en série, les tensions obéissent à :

a. ☐ la loi d'additivité.
b. ☐ la loi d'unicité.
c. ☐ la loi d'ohm.

5 Lorsqu'on ajoute un dipôle en dérivation, l'intensité de la branche principale :

a. ☐ augmente. b. ☐ reste la même. c. ☐ diminue.

6 Une résistance de valeur 2 kΩ est traversée par une intensité de 0,01 A. La valeur de la tension entre ses bornes est :

a. ☐ 0,02 V. b. ☐ 0,005 V. c. ☐ 20 V.

7 Dans un circuit en série, un générateur réglé sur 9 V alimente une lampe (tension entre ses bornes égale à 5 V) et un moteur. La tension aux bornes du moteur vaut :

a. ☐ 14 V. b. ☐ 4 V. c. ☐ 9 V.

8 La relation mathématique liant puissance, tension et intensité est :

a. ☐ $P = U \times I$ b. ☐ $U = P \times I$ c. ☐ $I = P \times U$

9 1 kWh correspond à l'énergie consommée par un appareil :

a. ☐ de puissance 1 kW pendant 1 h.
b. ☐ de puissance 2 000 W pendant 30 min.
c. ☐ de puissance 1 W pendant 1 h.

10 L'énergie nucléaire a pour source :

a. ☐ les molécules.
b. ☐ le pétrole.
c. ☐ les noyaux des atomes.

11 Sur un périphérique, une voiture roule à 60 km/h. Arrivée sur une autoroute, sa vitesse est de 120 km/h. L'énergie cinétique de la voiture sur l'autoroute est :

a. ☐ 2 fois plus grande que sur le périphérique.
b. ☐ 4 fois plus grande que sur le périphérique.
c. ☐ la même que sur le le périphérique.

Réponses :

1 b $E_c = \frac{1}{2} \times m \times v^2$ – **2 a** et **c** L'unité légale de mesure de l'énergie est le joule. Il existe d'autres unités utilisées : la calorie (cal), la tonne d'équivalent pétrole (tep), le kilowatt-heure (kWh). Le watt est une unité de puissance. – **3 a** L'intensité se mesure avec un ampèremètre. – **4 a** Dans un circuit en série, la tension aux bornes du générateur est égale à la somme des tensions aux bornes des autres dipôles. – **5 a** Loi d'additivité des intensités. – **6 c** $U = R \times I = 2\,000 \times 0{,}01$ – **7 b** Loi d'additivité des tensions $U_{générateur} = U_{lampe} + U_{moteur}$ – **8 a** La puissance est égale au produit de la tension par l'intensité. – **9 a** et **b** $E = P \times t$. 30 min = 0,5 h et 2 000 W = 2 kW – **10 c** C'est l'énergie libérée par des réactions nucléaires au niveau des noyaux des atomes. – **11 b** $E_c = \frac{1}{2} \times m \times v^2$ si la vitesse est multipliée par 2 alors l'énergie cinétique est multipliée par 2^2.

Les signaux lumineux et les signaux sonores

FICHE 21

1 Les signaux sonores

a. Conditions de propagation

- Les signaux sonores se propagent dans la matière (gaz, liquide ou solide) et en aucun cas dans le vide.
- Un signal sonore est caractérisé par sa fréquence (en hertz, Hz) et son intensité (en décibel, dB).

20 Hz | 20 000 Hz

Infrasons | Sons audibles (Sons graves … Sons aigus) | Ultrasons → Fréquence (Hz)

- Le seuil d'audibilité d'un son est fixé à 0 dB. À partir d'une intensité de 90 dB, le son devient dangereux.

b. Vitesse de propagation

- La vitesse de propagation du son dépend du milieu qu'il traverse : dans l'air, il se propage à 340 m/s, alors que dans l'eau sa vitesse est de 1 500 m/s et 5 000 m/s dans l'acier.
- On détermine la vitesse du son à l'aide de la relation mathématique :

$$v = \frac{d}{t}$$

v : vitesse en m/s
d : distance parcourue en m
t : temps parcouru en s

Exemple : Le sonar est un dispositif utilisé par les pêcheurs pour déterminer la distance à laquelle se trouvent les bancs de poissons. Ils utilisent la vitesse de propagation des ultrasons dans l'eau (v = 1 500 m/s) et le temps mis par le signal envoyé pour faire un aller-retour.
$d = v \times t$
Si le temps mesuré est de 0,2 s, alors :
$d = 1\ 500 \times 0{,}2 = 300$ m
La distance parcourue (aller-retour) est de 300 m, les poissons se trouvent donc à la moitié de cette distance, soit 150 m.

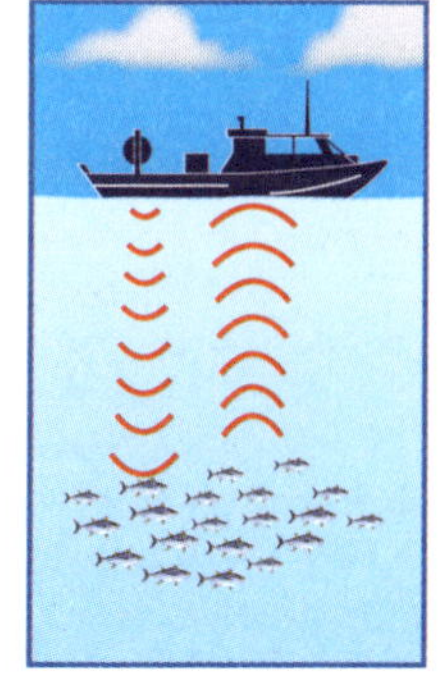

2 Les signaux lumineux

a. Les sources lumineuses

Il existe deux types de source de lumière :

- **les sources primaires**, qui **produisent** la lumière émise ;
- **les objets diffusants**, qui **renvoient** une partie de **la lumière** émise par une source primaire.

b. Conditions de propagation

- Contrairement au son, **la lumière se propage dans le vide** mais aussi dans les **milieux transparents** (les gaz, la plupart des liquides et certains solides).
- Dans un **milieu homogène et transparent**, la lumière **se propage en ligne droite** de la source vers l'objet éclairé.
- On modélise ce trajet par un **rayon lumineux**.
- Il existe différents types de rayonnements :

Ondes radio	Micro-ondes	Infra Rouge	Lumière visible (Rouge … Violet)	Ultraviolet	Rayons x	Fréquence (Hz)
3×10^7 Hz	3×10^{11} Hz	3×10^{14} Hz	3×10^{15} Hz	3×10^{16} Hz		

c. Vitesse de propagation

À retenir

La vitesse de propagation de la lumière est très supérieure à celle du son.

- La vitesse de propagation de la lumière **dans le vide** est de 3×10^8 **m/s**.
- Cette vitesse **dépend du milieu** que le signal lumineux traverse.

Exemple : Pour calculer la distance Terre-Lune, on envoie un faisceau laser sur un miroir placé sur la Lune. Le faisceau effectue l'aller-retour en 2,56 s.

$d = v \times t$

$d = 3 \times 10^8 \times 2{,}56 = 7{,}68 \times 10^8$ m

La distance Terre-Lune est égale à la moitié de la distance parcourue par le faisceau :

$$d_{Terre-Lune} = \frac{7{,}68 \times 10^8}{2} = 3{,}84 \times 10^8 \text{ m}$$

Quiz-bilan

FICHE 22

→ *Réponses au verso.*

1 Un signal sonore se propage :

a. ☐ dans l'air, les liquides et les solides.
b. ☐ dans le vide uniquement.
c. ☐ dans l'air uniquement.

2 Un diapason produit un *la* de fréquence 440 Hz. Un *ré* à 587 Hz est :

a. ☐ plus grave. b. ☐ plus fort. c. ☐ plus aigu.

3 Pendant un concert, l'intensité sonore mesurée est de 105 dB. Le son est-il alors dangereux ?

a. ☐ Non. b. ☐ Ce n'est pas l'intensité qui compte mais la fréquence.
c. ☐ Oui.

4 Lors d'un orage, on entend le tonnerre 3 secondes après avoir vu l'éclair. Sachant que la vitesse du son dans l'air est de 340 m/s, l'orage se situe à :

a. ☐ 113 m. b. ☐ 1 020 m. c. ☐ 3,40 km.

5 La vitesse du son est plus grande dans :

a. ☐ l'eau. b. ☐ l'air. c. ☐ l'acier.

6 Par rapport à un signal sonore, un signal lumineux se déplace :

a. ☐ plus vite. b. ☐ moins vite. c. ☐ à la même vitesse.

7 La lumière se propage :

a. ☐ dans les milieux opaques. b. ☐ dans le vide.
c. ☐ dans les milieux transparents.

8 Un four à micro-ondes émet un rayonnement dont la fréquence est :

a. ☐ plus faible que celle de la lumière visible.
b. ☐ plus grande que celle de la lumière visible.
c. ☐ celle de la lumière visible.

9 Peut-on entendre un réveil sonner dans l'espace ?

a. ☐ Oui. b. ☐ Non.
c. ☐ Cela dépend de la distance à laquelle on se trouve.

10 La lumière émise par le Soleil met 8 min 20 s à parvenir sur Terre. Sachant que la vitesse de la lumière dans le vide est de 3×10^8 m/s, le Soleil se situe à :

a. ☐ $1{,}5 \times 10^{11}$ m. b. ☐ $2{,}46 \times 10^9$ m. c. ☐ 150 millions de km.

11 La valeur de l'année-lumière en mètres est :

a. ☐ $1{,}09 \times 10^{11}$ m. b. ☐ 3×10^8 m. c. ☐ $9{,}46 \times 10^{15}$ m.

12 La galaxie d'Andromède se situe à 2,5 millions d'années-lumière. Cela signifie :

a. ☐ que nous la voyons telle qu'elle était il y a 2,5 millions d'années.
b. ☐ qu'elle est 2,5 millions de fois plus éloignée que le Soleil.
c. ☐ que la lumière que nous recevons a été émise par cette galaxie il y a 2,5 millions d'années.

Réponses :

1 a Les signaux sonores se propagent seulement dans la matière. – **2** c Lorsque la fréquence augmente, le son est plus aigu. – **3** c À partir de 90 dB, le son devient dangereux et peut provoquer des lésions. – **4** b $d = v \times t$ donc $d = 340 \times 3$ – **5** c. La vitesse du son dépend du milieu traversé. – **6** a La vitesse de la lumière est bien supérieure à celle du son (3×10^8 m/s). – **7** b et c La lumière se propage dans tous les milieux transparents dont le vide. – **8** a La zone de fréquence des micro-ondes (3×10^7 Hz à 3×10^{11} Hz) est inférieure à celle de la lumière visible (3×10^{14} Hz à 3×10^{15} Hz). – **9** b L'espace est majoritairement constitué de vide, le son ne se propage pas. – **10** a et c $d = v \times t$ avec $t = (8 \times 60) + 20 = 500$ s donc $d = 3 \times 10^8 \times 500 = 1{,}5 \times 10^{11}$ m soit $1{,}5 \times 10^8$ km. – **11** c $d = v \times t$ avec $v = 3 \times 10^8$ m/s et $t = 365{,}25 \times 24 \times 3\,600 = 3{,}155 \times 10^7$ s. – **12** a et c. Le temps de parcours de la lumière provenant de cette galaxie est de 2,5 millions d'années. Nous recevons donc la lumière émise il y a 2,5 millions d'années. Le Soleil appartient au système solaire, il est donc beaucoup plus proche.

La Terre dans le système solaire

FICHE 23

1 Le système solaire

a. Les objets du système solaire

- Le système solaire est constitué d'une étoile (le **Soleil**) autour de laquelle gravitent les **8 planètes** et leurs satellites (comme la Lune), des **astéroïdes** et des **comètes**.

b. Planètes telluriques et planètes gazeuses

- La **Terre**, comme Mercure, Vénus et Mars, est une **planète tellurique rocheuse**.
- Jupiter, Saturne, Uranus et Neptune sont des **planètes gazeuses**.
- La Terre, ou **globe terrestre**, est une **sphère qui tourne sur elle-même** autour d'un axe incliné par rapport à la verticale et qui passe par les **2 pôles**.

À retenir

La Terre est la 3e planète en partant du Soleil. Sa distance au Soleil, sa masse et sa densité lui permettent d'avoir une **atmosphère** épaisse, de **l'eau liquide** et une **température** au sol d'environ + 15 °C compatibles avec la vie.

2 Les manifestations de la dynamique interne de la Terre

a. Les séismes

- Les **séismes**, vibrations violentes du sol, résultent d'une **rupture brutale des roches** en profondeur le long d'une **faille**, ce qui provoque des **déformations** à la surface de la Terre.
- Cette rupture est la conséquence de **contraintes** qui s'exercent en permanence sur les roches et qui conduisent à une accumulation d'**énergie**. Après rupture, les **ondes sismiques** se propagent à partir du **foyer**.
- L'**épicentre** est le lieu à la surface qui reçoit en premier les ondes sismiques.

b. Le volcanisme

• Le **volcanisme**, remontée en surface de **magma**, se manifeste par deux grands types d'éruptions :
- les **éruptions effusives**, qui se traduisent par des émissions de **gaz** et des coulées de **lave fluide**,
- les **éruptions explosives**, qui engendrent des projections de **cendres** accompagnées de **nuées ardentes**, mélanges de lave visqueuse et de gaz brûlants.

• La lave refroidit et donne naissance à des **roches volcaniques** qui, en s'accumulant, constituent **l'édifice volcanique**.

• C'est le type de magma, mélange de gaz et de roches fondues plus ou moins **visqueux**, situé dans des **réservoirs magmatiques** sous le volcan, qui est à l'origine des deux types d'éruption.

3 La tectonique des plaques

a. Les plaques lithosphériques

• La répartition des séismes et du volcanisme permet de découper la surface du globe en une douzaine de **plaques lithosphériques** rigides et cassantes qui reposent sur **l'asthénosphère** plus déformable.

b. Le mouvement des plaques lithosphériques

• Dans l'axe des **dorsales océaniques**, les plaques s'écartent et s'agrandissent.

• Au niveau des **fosses océaniques**, les plaques se rapprochent et disparaissent. La lithosphère océanique plonge sous la lithosphère continentale dans l'asthénosphère : c'est la **subduction**.

• Le rapprochement de deux plaques continentales aboutit à la **collision** des continents, à la **déformation** des roches et à la formation des **chaînes de montagnes**.

À retenir

La **tectonique des plaques** est un modèle scientifique expliquant la dynamique globale de la lithosphère terrestre.

Phénomènes météorologiques et climatologiques

FICHE 24

1 Les phénomènes météorologiques

a. Définition

- La **météorologie** est une science qui prévoit le **temps** qu'il va faire dans les jours à venir en un lieu donné.
- Elle étudie les **phénomènes atmosphériques**, tels que les nuages, les précipitations ou le vent et mesure la **pression**, la **température** et l'**humidité**.

b. Dynamique des masses d'air et des masses d'eau

- Les **vents** sont globalement provoqués par un réchauffement inégalement réparti à la surface de la planète, provenant du **rayonnement solaire**, et par la **rotation** de la planète. Ils sont définis par leur **vitesse** et leur **direction**.
- Les **courants océaniques** superficiels sont surtout mis en mouvement par les **vents** et la **rotation** de la Terre.

2 Les phénomènes climatologiques

a. Définition

- La **climatologie** est une science qui s'intéresse aux phénomènes météorologiques dans une zone donnée sur des périodes supérieures à **30 ans**.

b. Les grandes zones climatiques

- Les **zones climatiques** sont définies par leurs températures et leurs précipitations. Elles sont influencées par les vents et les courants océaniques.

c. Influence du climat sur les êtres vivants

- La **biodiversité** dépend de la diversité des climats dont les modifications peuvent avoir des conséquences significatives.
- Par ailleurs, les **rayons UV du Soleil** peuvent modifier l'expression du **programme génétique** d'un être vivant.

3 Les changements climatiques

a. Au cours des temps géologiques

• Depuis la création de la Terre il y a 4,6 milliards d'années, le climat n'a jamais été stable. Des **périodes glaciaires** (plus froides) alternent avec des **périodes interglaciaires** (plus chaudes) tous les 100 000 ans environ.

b. Dus aux activités humaines

À retenir

L'effet de serre naturel est indispensable à la vie sur Terre car sans cela, la température de la surface serait en moyenne de -18 °C au lieu de 15 °C. Ce qui est dangereux pour la Terre, c'est l'**accroissement rapide et excessif** de l'effet de serre.

• La **température** à la surface de la Terre dépend du **rayonnement solaire** et de la chaleur retenue par l'atmosphère grâce aux **gaz à effet de serre** (H_2O, CO_2 et CH_4).

• Depuis la révolution industrielle, la consommation croissante de **combustibles fossiles** libère beaucoup de **CO_2** dans l'atmosphère.

• La concentration en CO_2 est ainsi passée de 0,028 % en 1850 à 0,04 % aujourd'hui, soit une augmentation de près de 40 %. La conséquence est une **hausse** de 1 °C de la température.

L'importance de l'effet de serre sur la température à la surface de la Terre

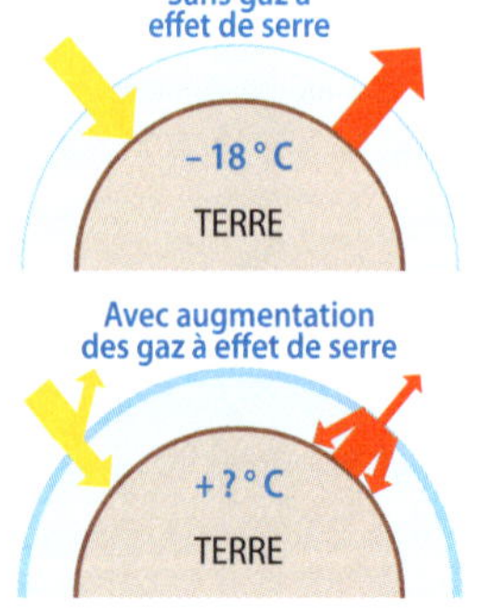

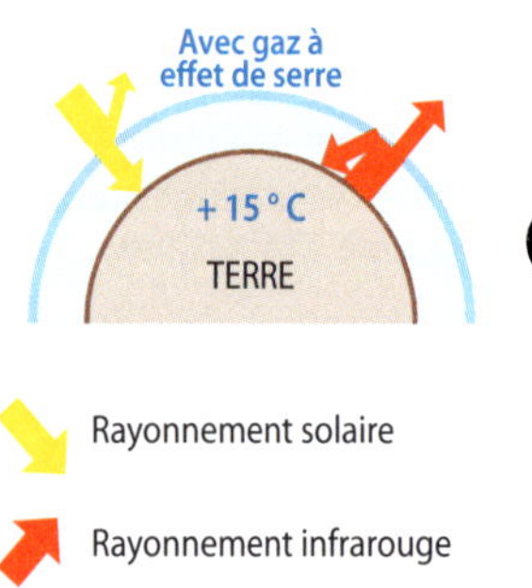

Phénomènes naturels et responsabilité humaine

1 Les risques naturels

a. Liés à l'activité externe de la Terre

- Les cyclones, phénomènes des régions tropicales, se caractérisent par des pluies diluviennes et des vents très violents. Le débordement d'une rivière en dehors de son lit (la crue), en cas de précipitations exceptionnelles, peut provoquer des inondations des terrains avoisinants et des zones urbaines.

b. Liés à l'activité interne de la Terre

- Les aléas sismiques et volcaniques représentent la probabilité que des séismes et des éruptions volcaniques surviennent en un lieu donné. Les principales zones à risques sismiques et volcaniques sont bien identifiées à la surface de la planète.

À retenir

Un risque naturel implique l'**exposition des populations et de leurs infrastructures** à un évènement catastrophique d'origine naturelle.
C'est la rencontre entre un **aléa** d'origine naturelle et des **enjeux** humains, économiques ou environnementaux.

2 L'impact des activités humaines

a. L'urbanisation

- Le développement économique (activités, voiries, remembrement agricole, déforestation…) constitue l'un des principaux facteurs aggravant les risques naturels. Cela modifie les conditions d'écoulement des eaux (imperméabilisation et ruissellement) et favorise les inondations.

b. Les rejets de gaz à effet de serre

- L'augmentation des rejets de gaz à effet de serre liée aux activités humaines entraîne un réchauffement rapide et une hausse de la fréquence et de l'intensité des phénomènes climatiques extrêmes (cyclones, inondations).

c. La pollution de l'air, des sols et des eaux

• Les industries, les moyens de transport, les activités agricoles et domestiques rejettent dans l'air des **gaz polluants**, et, dans les sols et les eaux, des **substances toxiques**, sources de pollution à l'origine de nombreuses maladies, voire de cancers.

3 Les mesures de prévention et d'atténuation

a. L'aménagement du territoire

Pour prévenir les inondations et limiter leurs conséquences, l'Homme aménage son territoire.

• Il évite l'érosion des digues et des sols et exécute des **travaux de drainage**.

• Il établit des **réglementations** pour le rejet de substances polluantes et des **normes de potabilité** des eaux.

• Il développe une agriculture et une industrie plus soucieuses de l'**environnement** et de la santé publique.

b. Le plan de prévention des risques (PPR)

• Le PPR consiste à prévoir les phénomènes géologiques grâce à leur **surveillance** (efficace pour les éruptions volcaniques mais très difficile pour les séismes) et à imposer un **plan d'aménagement du territoire** et des **normes de construction** dans les zones à risques (constructions parasismiques).

c. L'éducation des populations des zones à risques

• Les populations des zones à risques doivent être informées des **conduites à tenir** pendant et après une catastrophe naturelle, mais aussi des **plans de secours** et des **plans d'évacuation** afin de limiter les conséquences.

Sources d'énergie naturelles, biodiversité et activités humaines

FICHE 26

1 L'exploitation des sources d'énergie naturelles

a. Les énergies fossiles non renouvelables

- Pétrole, charbon et gaz naturel se sont formés pendant des dizaines de millions d'années à partir de restes de matières organiques fossilisés dans des milieux pauvres en dioxygène.
- Lors de leur combustion, ces énergies fossiles dégagent un gaz à effet de serre, le CO_2, qui est responsable du réchauffement climatique que l'on observe actuellement.
- Ces ressources seront épuisées dans les décennies à venir.

b. Les énergies renouvelables

- Pour répondre à la pénurie prévisible des énergies fossiles, l'énergie éolienne (vent), solaire (panneaux solaires), hydroélectrique (barrages) et les biocarburants (bioéthanol) se développent.
- Même si leur impact sur l'environnement est plus faible, ces énergies ne sont pas sans effets.

À retenir

Une **énergie non renouvelable** est une source d'énergie qui se renouvelle très lentement et de manière négligeable à l'échelle humaine.
Une **énergie renouvelable** est une source d'énergie dont le renouvellement naturel est assez rapide pour qu'elle puisse être considérée comme inépuisable à l'échelle humaine.

2 L'impact des activités humaines sur la biodiversité

a. Modification des écosystèmes

- L'Homme, dont la population et les besoins alimentaires ne cessent d'augmenter, détruit les écosystèmes naturels au profit de terres cultivées. La recherche de rendements agricoles toujours plus élevés nécessite l'utilisation de pesticides et d'engrais, polluants pour les sols et les eaux.

b. Perturbation de l'équilibre des espèces

À retenir

La **biodiversité** représente à la fois la diversité des **écosystèmes**, des **espèces** qui y vivent et la **diversité génétique** des individus de l'espèce.

- L'**agriculture intensive**, la **pêche** et la **chasse** entraînent la disparition de nombreuses espèces et variétés.
- L'introduction volontaire de **nouvelles espèces** peut perturber l'équilibre des espèces au sein de l'écosystème.

3 Les mesures de sauvegarde de la biodiversité

- **L'agriculture biologique** préserve les sols, l'équilibre des espèces et favorise la lutte raisonnée contre les ravageurs et les parasites.
- Les **parcs nationaux** et les **réserves naturelles** permettent la conservation de la faune et de la flore, du sol et du sous-sol, de l'air et des eaux.
- Manger un kilogramme de viande a un plus fort impact sur l'environnement que manger un kilogramme de légumes. Par **nos choix alimentaires**, nous pouvons participer à la sauvegarde de la biodiversité.

L'impact des activités humaines sur la biodiversité

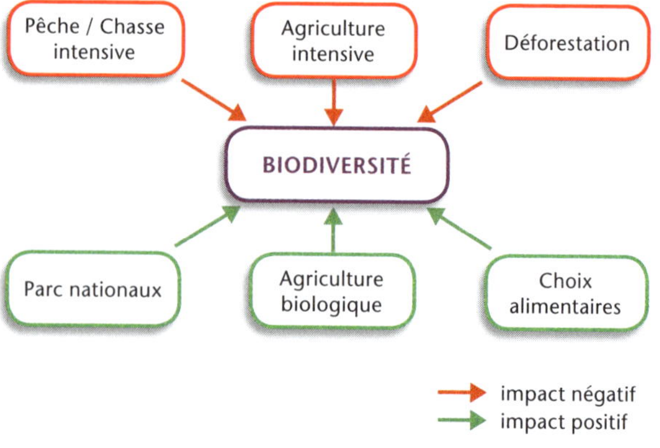

Exercice commenté pas à pas

Rédiger un texte explicatif

Utilisez les documents fournis et vos connaissances afin de montrer que le développement des véhicules propres permet à la France de réduire ses émissions de gaz à effet de serre.

Doc. 1 : Part des différents secteurs dans la consommation totale d'énergie en 2015

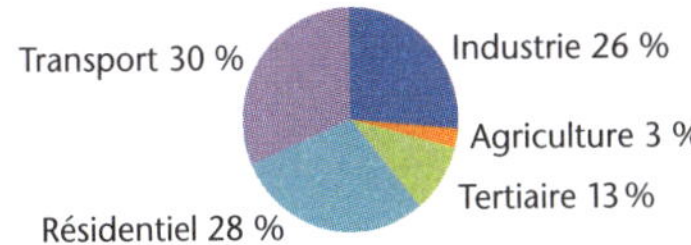

Doc. 2 : Source d'énergie utilisée par les transports

Le pétrole fournit aujourd'hui 98 % du carburant des transports. C'est une énergie émettrice de polluants dans l'air et de gaz à effet de serre.

Doc. 3 : Les voitures propres

Les voitures propres sont :
– les voitures hybrides à moteur à essence (ou diesel) et à électricité
– les voitures électriques

Doc. 4 : Nombre de voitures neuves propres

Type de voiture \ Année	2010	2011	2012	2013	2014	2015
Voiture électrique	0	500	700	1 000	1 300	2 000
Voiture hybride	700	1 200	2 500	4 000	3 500	5 500

Doc. 5 : Émissions moyennes de CO_2 des voitures particulières neuves en g/km

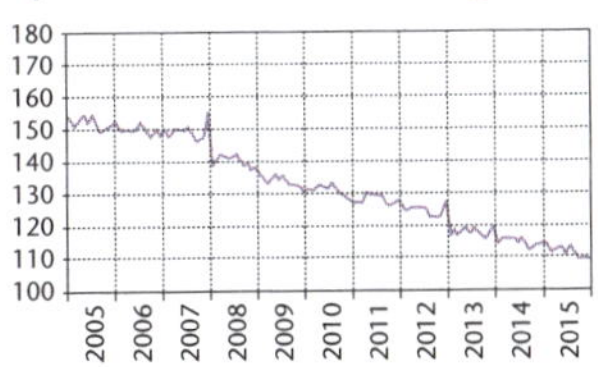

Avant de commencer

- ▶ Lire la consigne et **les titres** des documents
- ▶ Réfléchir aux **connaissances à mobiliser**
- ▶ Préparer la rédaction du texte explicatif au **brouillon**

Sélectionnez les informations utiles et écrivez-les au brouillon.

Les transports représentent 30 % de la consommation énergétique totale (doc. 1). La source d'énergie utilisée par les transports est à 98 % le pétrole qui dégage des gaz à effet de serre (doc. 2). Les voitures propres utilisent l'électricité seule ou en complément (doc. 3). Le nombre de véhicules propres neufs vendus de 2010 à 2015 passe de 700 à 5 500 pour les véhicules hybrides et de 0 à 2 000 pour les voitures électriques (doc. 4). Les émissions moyennes de CO_2 des voitures particulières neuves diminuent de 155 à 110 g/km de 2005 à 2015 (doc. 5).

Listez les connaissances à mobiliser.

Le CO_2 est un gaz à effet de serre.

Rédigez au brouillon l'introduction et la conclusion.

L'introduction annonce le sujet abordé et précise le problème posé. La conclusion résume les informations apportées.

Corrigé :

Les émissions de gaz à effet de serre sont responsables du réchauffement terrestre. La France s'est engagée à réduire ses émissions. Nous étudierons d'abord l'origine de ces gaz puis nous verrons en quoi le développement des véhicules propres peut participer à leur réduction.
Les transports représentent 30 % de la consommation totale de l'énergie de la France (doc. 1). C'est le pétrole qui fournit 98 % du carburant des transports. Or, la consommation de pétrole dégage des gaz à effet de serre, essentiellement du CO_2 (doc. 2). Les véhicules propres (hybrides et électriques) utilisent l'électricité (doc. 3). L'augmentation de vente en 5 ans des véhicules hybrides (+ 5 500) et électriques (+ 2 000) (doc. 4) peut être corrélée avec la baisse de l'émission de CO_2 (-45 g/km) des véhicules neufs de particuliers (doc. 5). Donc en réduisant la part du pétrole comme carburant des voitures, on peut diminuer les émissions de CO_2.
Grâce au développement des véhicules propres utilisant moins ou pas de pétrole, les émissions de CO_2 ont diminué en France.

BILAN

La planète Terre, l'environnement et l'action humaine

FICHE 28

THÈMES clés

La Terre dans le système solaire : fiche 23

Phénomènes météorologiques et climatologiques : fiche 24

Phénomènes naturels et responsabilité humaine : fiche 25

Sources d'énergie naturelles, biodiversité et activités humaines : fiche 26

MOTS clés

Biodiversité : diversité des espèces vivantes et des milieux de vie auxquels elles appartiennent.

Climatologie : science qui s'intéresse aux phénomènes météorologiques sur des périodes > 30 ans.

Effet de serre : phénomène de réchauffement de la Terre dû à certains gaz de l'atmosphère.

Énergie non renouvelable : source d'énergie qui se renouvelle très lentement et de manière négligeable à l'échelle humaine.

Énergie renouvelable : source d'énergie dont le renouvellement naturel est assez rapide pour qu'elle puisse être considérée comme inépuisable à l'échelle humaine.

Météorologie : science qui prévoit le temps qu'il va faire dans les prochains jours.

Plan de prévention des risques (PPR) : prévision et prévention des phénomènes géologiques grâce à leur surveillance et à la réglementation de l'aménagement du territoire.

Risque naturel : combinaison d'un aléa d'origine naturelle et d'enjeux humains, économiques…

Séisme : rupture brutale de roches en profondeur provoquant une libération d'énergie et des secousses et déformations à la surface du globe.

Tectonique des plaques : théorie expliquant le mouvement des plaques lithosphériques.

Volcanisme : manifestation liée à la sortie de magma des profondeurs de la Terre.

L'action humaine sur l'environnement

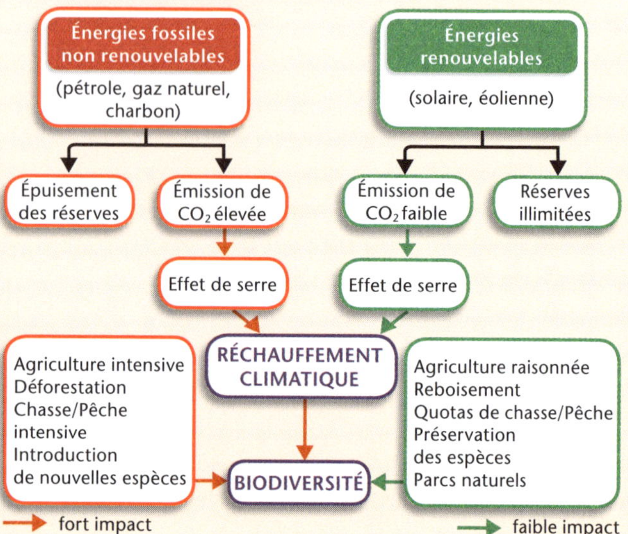

La tectonique des plaques

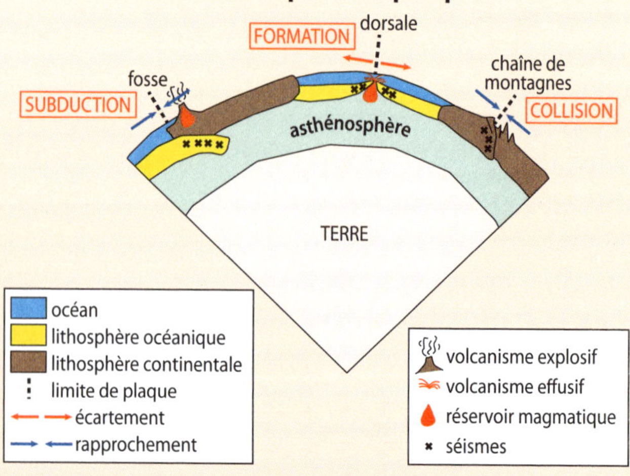

Quiz-bilan

FICHE 29

→ *Réponses au verso.*

1 La Terre est une planète :

a. ☐ tellurique.

b. ☐ située après Mars par rapport au Soleil.

c. ☐ qui tourne sur elle-même autour d'un axe passant par l'équateur.

2 Séismes et volcanisme :

a. ☐ sont répartis au hasard à la surface du globe.

b. ☐ ont lieu aux frontières des plaques lithosphériques.

c. ☐ sont des manifestations de la dynamique externe de la Terre.

3 Les vents :

a. ☐ sont responsables des courants océaniques superficiels.

b. ☐ sont une manifestation de la dynamique interne de la Terre.

c. ☐ sont tous dirigés dans la même direction.

4 La climatologie :

a. ☐ est une science qui a 30 ans.

b. ☐ est basée sur les données météorologiques.

c. ☐ permet de prévoir le temps des jours à venir.

5 L'effet de serre naturel :

a. ☐ est néfaste pour la Terre.

b. ☐ est dû à la présence de certains gaz dans l'atmosphère.

c. ☐ est dû aux activités humaines.

6 Un risque naturel :

a. ☐ est sans dommage pour les populations.

b. ☐ est sans dommage pour les infrastructures.

c. ☐ est la combinaison d'un aléa et d'enjeux humains, économiques ou environnementaux.

7 Les activités humaines sont responsables :

a. ☐ des séismes et du volcanisme.

b. ☐ des vents et des courants océaniques.

c. ☐ de pollutions de l'air, du sol et des eaux.

8 Le PPR (plan de prévention des risques) :

a. ☐ prévoit les séismes. b. ☐ prévient les séismes.

c. ☐ n'agit pas sur les séismes.

9 Les énergies non renouvelables :

a. ☐ sont amenées à s'épuiser.

b. ☐ sont sans effet sur le réchauffement climatique.

c. ☐ sont aujourd'hui peu utilisées.

10 La biodiversité :

a. ☐ est menacée par les parcs nationaux.

b. ☐ est préservée par l'agriculture intensive.

c. ☐ est impactée par nos choix alimentaires.

Réponses :

1 a La Terre est une planète tellurique et rocheuse. – 2 b Séismes et volcanisme sont des manifestations de la dynamique interne de la Terre. – 3 a Les vents sont une manifestation de la dynamique externe de la Terre et sont définis par leur direction. – 4 b La climatologie s'appuie sur des données météorologiques sur des périodes supérieures à 30 ans et permet de prévoir le climat futur. – 5 b L'effet de serre naturel est bénéfique pour la Terre. – 6 c Un risque naturel peut être dangereux pour les populations et les infrastructures. – 7 c Les dynamiques internes et externes sont responsables respectivement des séismes/volcans et des vents/courants océaniques. – 8 b Les séismes ne sont pas prévisibles mais peuvent être prévenus par des normes de construction et l'éducation des populations. – 9 a Les énergies non renouvelables sont responsables du réchauffement climatique et majoritairement utilisées de nos jours. – 10 c La biodiversité est préservée dans les parcs nationaux et menacée par l'agriculture intensive.

La nutrition des organismes

FICHE 30

1 Les niveaux d'organisation des organismes

• Pour mieux comprendre le fonctionnement des **organismes**, on a créé des niveaux d'organisation en allant du plus grand au plus petit.

• Un **appareil** est constitué d'un assemblage d'**organes**.

• Les organes sont constitués d'un assemblage de **tissus**, destinés à remplir une fonction spécifique.

• Les tissus sont constitués d'un assemblage de **cellules** adaptées à une fonction particulière.

2 Les besoins nutritifs des cellules animales

• Les cellules animales consomment des **nutriments** et du **dioxygène** apportés par le sang contenu dans les vaisseaux sanguins, et rejettent des déchets, comme le dioxyde de carbone.

• La réaction chimique entre les nutriments et le dioxygène libère de **l'énergie utilisable** par les cellules animales et de la **chaleur**.

• L'énergie utilisable permet aux cellules d'assurer leurs **activités**.

À retenir

La **nutrition** correspond à la prise de matière nécessaire au **renouvellement des structures** et à la **dépense énergétique** que fait tout être vivant pour se maintenir en vie.

Les besoins nutritifs d'une cellule animale

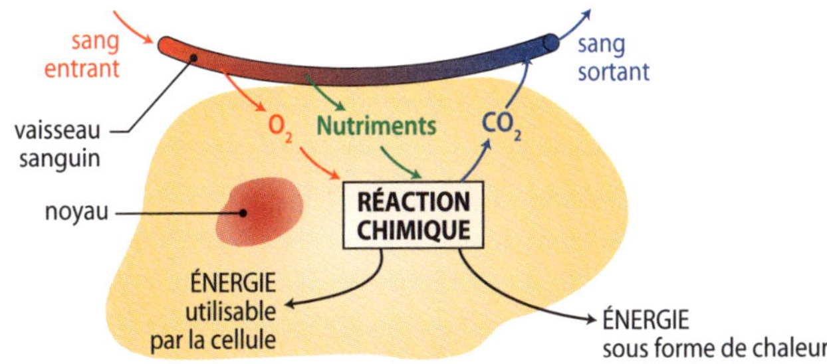

3 Les besoins des cellules végétales chlorophylliennes

À retenir

Les végétaux chlorophylliens sont des **producteurs primaires** de matière organique. Pour la produire, ils se nourrissent de matière minérale. Alors que les animaux sont des **producteurs secondaires** de matière organique. Pour la produire, ils se nourrissent de matière organique déjà fabriquée par un autre être vivant.

- Les **cellules chlorophylliennes** sont capables de produire leur matière organique (leurs nutriments) à partir de matières minérales en utilisant **l'énergie lumineuse**.
- Les matières minérales sont le **dioxyde de carbone** de l'air ambiant, l'**eau** et les **sels minéraux** du sol.

4 Les systèmes de transport dans la plante

- L'eau et les sels minéraux, puisés par les racines, sont acheminés par les vaisseaux conducteurs de **sève brute**. Les nutriments, produits au niveau de la feuille, circulent par les vaisseaux conducteurs de **sève élaborée** et peuvent être stockés dans des organes, comme les tubercules ou les racines, et servir de **réserves** à la plante.

Les besoins nutritifs d'une cellule chlorophyllienne

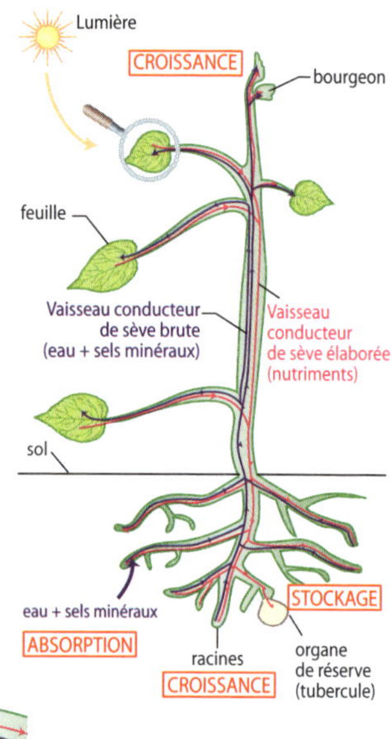

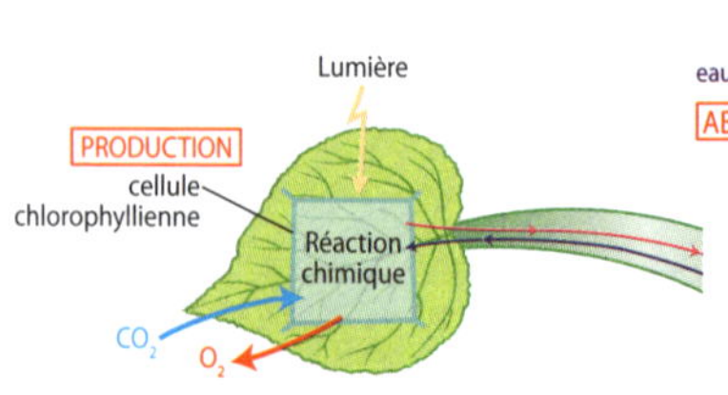

La reproduction des êtres vivants

FICHE 31

1 Reproductions sexuée et asexuée

a. Reproduction sexuée

- La **reproduction sexuée**, animale comme végétale, fait intervenir un individu **mâle** et un individu **femelle** de la **même espèce** qui produisent des cellules sexuelles, les **gamètes**.

- Ces gamètes fusionnent lors de la **fécondation** pour donner une **cellule-œuf**, à l'origine d'un nouvel individu.

b. Reproduction asexuée

- La **reproduction asexuée**, animale ou végétale, est la capacité que possède un individu à se reproduire **seul**.

À retenir

Lors de la reproduction asexuée, les descendants sont **identiques** entre eux et à leur parent unique. Lors de la reproduction sexuée entre deux individus de sexe différent il y a formation d'**individus uniques** réunissant les caractéristiques de chacun des parents.

2 La rencontre des gamètes

a. Chez les animaux

- Lorsque la rencontre des gamètes mâle et femelle a lieu dans le **milieu de vie**, le plus souvent aquatique, on parle de **fécondation externe**.

- Lorsque la rencontre des gamètes mâle et femelle se fait dans le **corps de la femelle**, il s'agit d'une **fécondation interne**. Cela nécessite un **accouplement** où le mâle dépose ses gamètes dans l'appareil génital de la femelle.

b. Chez les plantes à fleurs

- Les grains de **pollen**, produits par les **étamines**, contiennent les cellules reproductrices mâles. Dans l'**ovaire**, chaque **ovule** contient les cellules reproductrices femelles.

- Lorsqu'un grain de pollen se dépose au sommet du **pistil** d'une fleur de la même espèce, un **tube pollinique** se forme et s'enfonce vers l'ovaire. Ce tube conduit la cellule reproductrice mâle vers la cellule reproductrice femelle et permet leur fusion.

3 Le maintien d'une espèce dans un milieu

À retenir

La reproduction sexuée permet aux espèces de se maintenir dans leur milieu en compensant les **décès** par des **naissances**.

a. L'influence des ressources du milieu

- Plus les ressources en nourriture sont abondantes, plus le nombre de descendants arrivant à l'âge adulte est élevé et plus l'espèce a de chances de se maintenir.

b. L'influence de l'Homme

- L'**Homme** peut **perturber** la reproduction sexuée d'une espèce par ses actions sur le milieu ou sur les futurs reproducteurs.
- Il peut aussi **préserver** une espèce en voie d'extinction en la protégeant et en favorisant sa reproduction.

La reproduction sexuée

Individu mâle → Gamète mâle ; Individu femelle → Gamète femelle → Rencontre dans l'eau → Fécondation externe → Cellule-œuf → Nouvel individu

Production de gamètes

Fécondation = union des gamètes

Nouvel individu

Individu mâle → Gamète mâle ; Individu femelle → Gamète femelle → Rencontre dans le corps de la femelle → Fécondation interne → Cellule-œuf → Nouvel individu

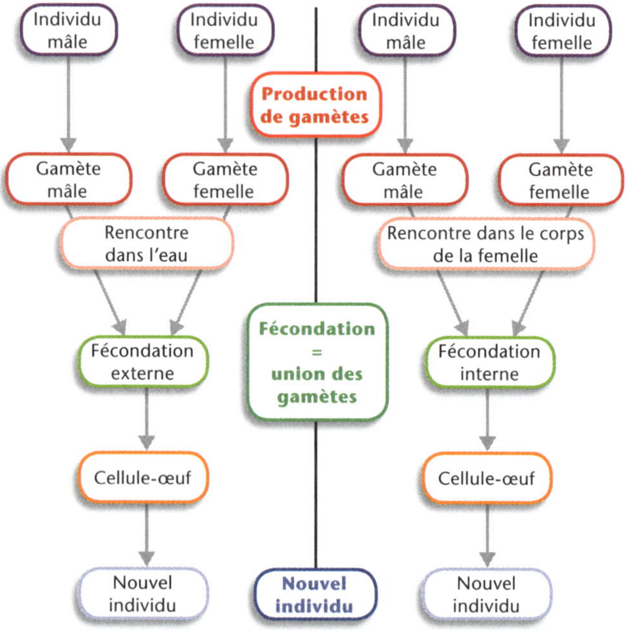

La diversité génétique des individus

FICHE 32

1 Les caractères d'un individu

• Chaque individu présente les caractères de l'espèce auquel il appartient avec des variations qui lui sont propres.

a. Les caractères héréditaires

• Les caractères héréditaires sont transmis de génération en génération. Ils sont hérités des parents et transmis aux enfants.

b. L'influence de l'environnement

• L'alimentation et le soleil sont des facteurs de l'environnement qui peuvent modifier les caractères d'un individu. Ces modifications ne sont pas héréditaires.

À retenir

Le **phénotype** est l'ensemble des **caractères** d'un individu résultant de ses caractères héréditaires et de leurs éventuelles modifications par les facteurs environnementaux.

2 Le support des caractères héréditaires

a. Les chromosomes

• Les chromosomes, situés dans le noyau de chaque cellule, sont le support des caractères héréditaires. Toujours présents, ils ne sont visibles que lors de la multiplication cellulaire.

b. Le caryotype humain

• Les chromosomes peuvent être classés par paire pour établir un caryotype. Une cellule humaine (sauf le gamète) comporte 23 paires de chromosomes, soit 46 chromosomes.

c. Les chromosomes sexuels

• Le sexe d'un individu dépend de sa paire de chromosomes sexuels. La femme possède deux chromosomes X, l'homme un chromosome X et un chromosome Y.

d. Les conséquences d'une anomalie du caryotype

• Une anomalie dans le nombre de chromosomes entraîne une modification des caractères exprimés par l'individu. Les chromosomes sont donc le support de l'information génétique.

3 L'information génétique

a. Le constituant des chromosomes

• Chaque chromosome est constitué principalement d'une seule molécule d'**ADN**. L'ADN est donc le **support moléculaire** de l'information génétique chez tous les êtres vivants.

b. Les gènes, unités d'information

• Un **gène** est une unité d'information, porté par un chromosome et responsable de l'expression d'un **caractère héréditaire**. C'est un fragment d'une molécule d'**ADN**. Chaque chromosome porte de nombreux gènes.

c. Les allèles des gènes

• Les chromosomes allant par paire, nous possédons **deux exemplaires** de chaque gène. Ils sont situés au même endroit sur les chromosomes de la même paire.

À retenir

Chaque individu possède la totalité des gènes de l'espèce à laquelle il appartient ainsi qu'une **combinaison originale d'allèles** qui lui est propre. C'est ce qui fait son **unicité**.

• Ils peuvent être identiques ou légèrement différents. Les versions différentes d'un même gène, appelées **allèles**, peuvent s'exprimer ou non.

Deux caryotypes humains

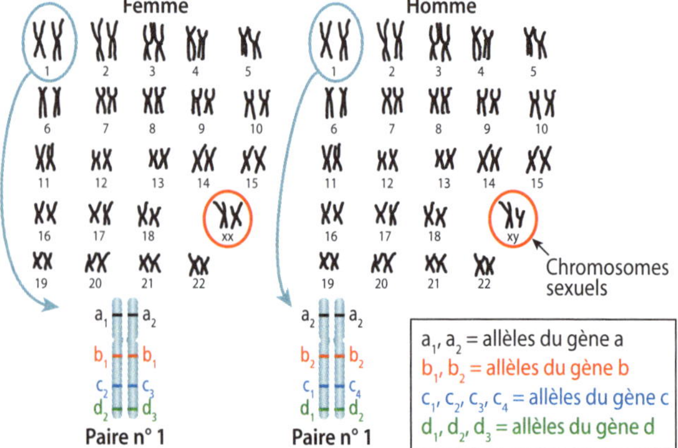

La conservation et la transmission de l'information génétique

FICHE 33

1 La conservation de l'information génétique

• Chaque individu est issu d'une **cellule-œuf** qui s'est multipliée pour former les milliards de cellules de son organisme.

a. La duplication des chromosomes

• Avant le début de la multiplication cellulaire, chaque chromosome est **dupliqué**. Il fabrique une copie identique de sa molécule d'ADN et devient un **chromosome double** à deux molécules d'ADN.

b. La séparation des chromosomes doubles

• Les deux molécules d'ADN des chromosomes doubles se séparent et se répartissent en **deux lots identiques**. Chacune des deux cellules formées reçoit les **46 chromosomes simples** identiques à ceux de la cellule initiale.

À retenir

Les cellules de l'organisme, à l'exception des cellules reproductrices, possèdent la **même information génétique** que la cellule-œuf dont elles proviennent par multiplications successives.

La division cellulaire

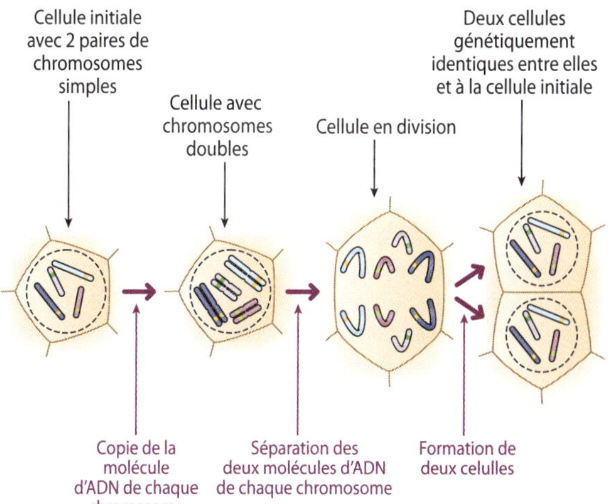

2 La transmission de l'information génétique

a. La formation des gamètes

• Les cellules reproductrices, ou **gamètes**, se forment à la suite d'une multiplication cellulaire particulière, la **méiose**, où les chromosomes de la même paire se séparent.

• Chaque gamète ne possède plus qu'un seul exemplaire de chaque paire de chromosomes, donc 23 chromosomes au total.

• Le spermatozoïde contient soit le chromosome X, soit le chromosome Y. L'ovule contient le chromosome X.

b. La fécondation

• La **fécondation** est la rencontre entre un spermatozoïde et un ovule. Elle permet la reconstitution des paires de chromosomes et la formation d'une **cellule-œuf** à 23 paires de chromosomes.

• Chaque paire comprend un chromosome d'origine paternelle et un chromosome d'origine maternelle.

c. Le sexe de l'enfant à naître

• Il dépend du **spermatozoïde** qui a fécondé l'ovule.

• L'ovule contenant toujours X, si le spermatozoïde contient aussi le chromosome X, l'enfant sera une fille. S'il contient le chromosome Y, alors l'enfant sera un garçon.

3 L'unicité de chaque individu

a. Un premier brassage lors de la méiose

• Les chromosomes de la même paire portent les mêmes gènes mais pas forcément les mêmes allèles. Leur séparation se fait **au hasard** et de **façon indépendante**. Cela entraîne un nombre élevé de gamètes avec une combinaison originale d'allèles.

b. Un deuxième brassage lors de la fécondation

• La fécondation réunit au hasard un gamète mâle et un gamète femelle. Cela aboutit à des milliards de combinaisons d'allèles possibles pour une cellule-œuf.

À retenir

Chaque individu possède pour chaque gène un **allèle maternel** et un **allèle paternel**. Il est le résultat de la **combinaison d'allèles de ses parents**.

L'évolution du vivant

FICHE 34

1 L'origine commune de tous les êtres vivants

a. Le renouvellement des groupes d'organismes vivants

• Les roches sédimentaires contiennent des **fossiles** et constituent ainsi de véritables **archives géologiques**. On constate, depuis l'apparition de la vie, il y a plus de 3 milliards d'années, un **renouvellement** des groupes d'organismes vivants. Ces groupes sont apparus, se sont développés, ont régressé puis ont pu disparaître au cours du temps.

b. Les relations de parenté entre les groupes

• Tous les êtres vivants partagent deux caractères qui fondent l'unité du monde vivant : la présence d'au moins une **cellule** et une information génétique portée par l'**ADN**. Ils sont donc apparentés et possèdent un **ancêtre commun**.

• Une espèce nouvelle présente des **caractères ancestraux** et aussi des **caractères nouveaux** par rapport à une espèce antérieure dont elle est issue.

À retenir

L'**évolution** explique l'origine commune des êtres vivants, les changements du monde vivant au cours de l'histoire et la biodiversité actuelle.
Les espèces apparaissent à partir de la modification d'espèces préexistantes. Elles sont reliées entre elles par un **arbre de parenté** ou arbre d'évolution.

c. La place de l'Homme

• L'Homme, comme toutes les autres espèces, s'inscrit dans l'histoire évolutive de la vie. C'est un **mammifère** du groupe des **primates**.

• C'est avec le chimpanzé qu'il est le plus apparenté. Ils possèdent un ancêtre commun qui a donné naissance à deux **lignées** : celle de l'Homme et celle du chimpanzé.

2 Les mécanismes de l'évolution

a. Apparition et disparition d'espèces

À retenir

Les **évènements importants** de l'histoire de la vie (extinctions massives, diversification…) et de la Terre (volcanisme, impact de météorite…) ont été utilisés pour découper l'histoire de la Terre en **ères**.

- Au cours de l'histoire de la Terre, des **évènements géologiques et climatiques** ont modifié les milieux et les conditions de vie, entraînant des **extinctions** massives, suivies de périodes de **diversification**.

b. Les modifications dues au hasard

- L'apparition de **caractères nouveaux** au cours des générations suggère des modifications de l'information génétique dues à des **mutations**. Celles-ci touchent au hasard la molécule d'**ADN**.

c. La sélection naturelle

- Dans un environnement donné, les êtres vivants les mieux adaptés vont se reproduire et l'espèce se maintenir. C'est l'effet de la **sélection naturelle**.

Frise chronologique de la création de la Terre à nos jours

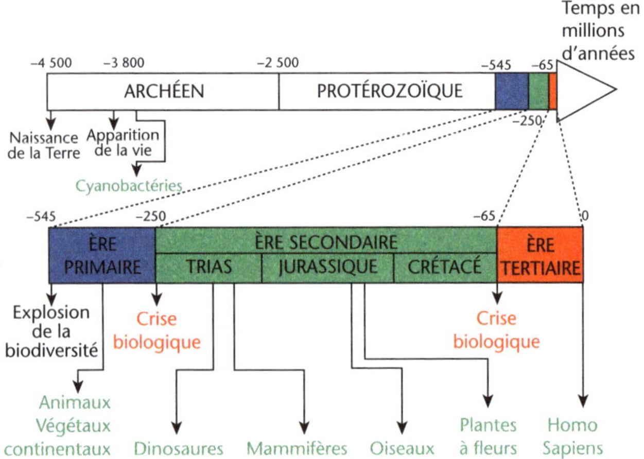

Exercice commenté pas à pas

Réaliser un schéma fonctionnel

Exercice : réaliser un schéma fonctionnel traduisant le maintien du nombre de chromosomes lors de la reproduction sexuée.

On choisira de représenter deux paires de chromosomes (paire n° 2 et paire de chromosomes sexuels).

Avant de commencer

- Un schéma fonctionnel comporte des **éléments représentés par des figures géométriques qui ne ressemblent pas à la réalité** et dont les proportions ne sont pas respectées.
- Les différents éléments sont mis en relation grâce à des **flèches significatives** qui indiquent des actions.
- Des **couleurs**, des **légendes** et un **titre** viennent compléter le schéma.

→ Commencez par la représentation des cellules-mères des cellules sexuelles.

On dessine dans la cellule-mère des spermatozoïdes la paire de chromosomes n° 2 + XY et dans la cellule-mère des ovules la paire de chromosomes n° 2 + XX. Chaque chromosome sera d'une couleur différente.

→ Répartissez les chromosomes des cellules-mères dans les cellules-filles lors de la méiose.

On sépare les paires de chromosomes et on obtient quatre cellules-filles, avec chacune un représentant de chaque paire. Pour montrer le brassage qui a lieu lors de la méiose, chaque cellule-fille obtenue est unique de par la combinaison de chromosomes qu'elle possède.

Montrez le résultat d'une fécondation.

On choisit un ovule parmi les quatre et un spermatozoïde parmi les quatre pour réaliser une fécondation. On obtient une cellule-œuf unique parmi les seize possibles.

Complétez le schéma fonctionnel.

On légende les cellules et les chromosomes. On explique la signification des flèches. On donne un titre.

Corrigé :

Schéma fonctionnel du maintien du nombre de chromosomes lors de la reproduction sexuée

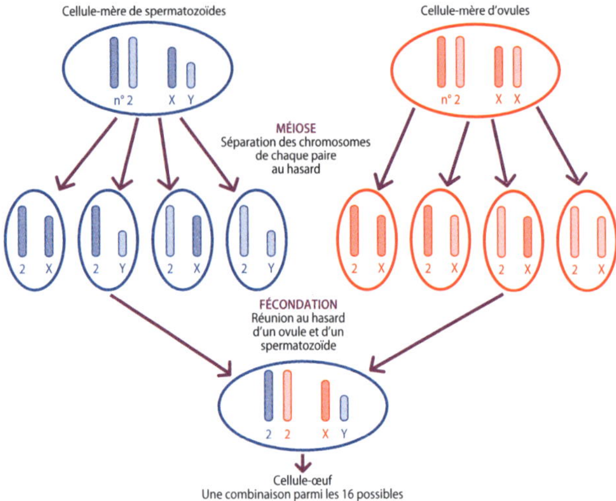

Le vivant et son évolution

MÉMO

THÈMES clés

MOTS clés

Ancêtre commun universel : cellule sans noyau ayant vécu il y a près de 4 milliards d'années, à l'origine de tous les êtres vivants actuels ou fossiles.

Arbre de parenté : représentation des relations entre des êtres vivants présentant des caractères communs et possédant un ancêtre commun à l'origine de plusieurs lignées.

Biodiversité : ensemble des êtres vivants présents dans un environnement donné.

Caractère héréditaire : caractère provenant des parents.

Caryotype : représentation ordonnée des chromosomes classés par paire et par taille décroissante.

Chromosome : filament d'ADN condensé situé dans le noyau et support de l'information génétique.

Évolution : apparition de nouvelles espèces à partir d'espèces préexistantes descendant toutes d'un ancêtre commun.

Gène : fragment de chromosome et donc d'ADN porteur d'une information pour la réalisation d'un caractère. Un gène peut exister sous différentes formes appelées allèles.

Multiplication cellulaire : obtention de deux cellules identiques entre elles et à la cellule d'origine.

Mutation : modification de l'information génétique à l'origine de la modification d'un caractère.

Sélection naturelle : avantage pris par certains individus plus aptes à se reproduire dans un environnement donné.

Évolution du vivant et histoire de la Terre

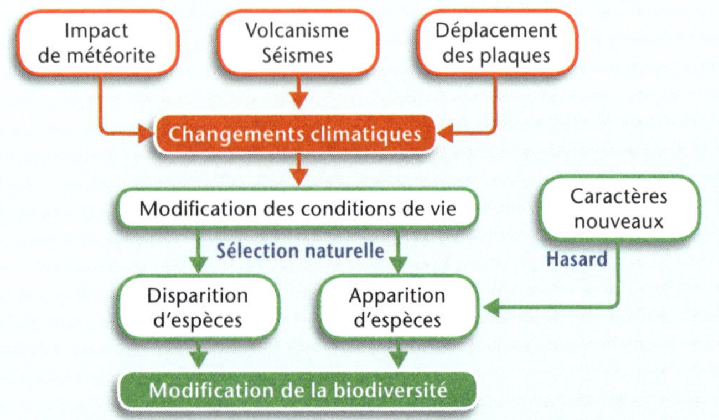

Arbre de parenté simplifié du monde vivant

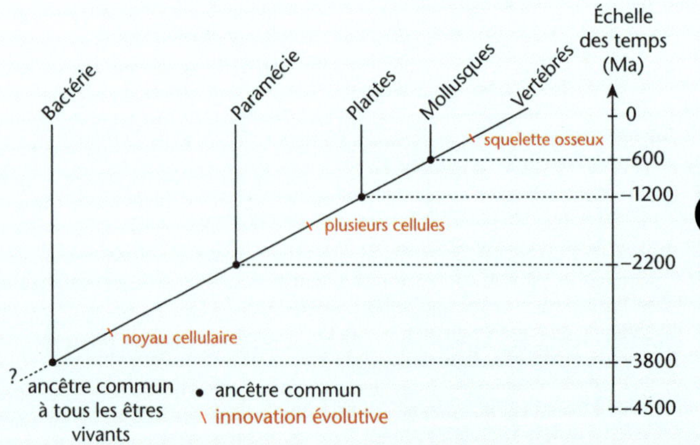

Quiz-bilan

FICHE 37

→ *Réponses au verso.*

1 Les cellules animales fabriquent leur énergie en consommant :

a. ☐ du dioxyde de carbone.
b. ☐ des nutriments.
c. ☐ du dioxygène et des nutriments.

2 Les cellules chlorophylliennes fabriquent leur matière organique à partir :

a. ☐ du dioxyde de carbone et des nutriments.
b. ☐ du dioxyde de carbone et des substances minérales.
c. ☐ du dioxygène et des substances minérales.

3 La reproduction sexuée fait intervenir :

a. ☐ un mâle et une femelle d'espèces différentes.
b. ☐ des gamètes qui fusionnent lors de la fécondation.
c. ☐ un seul individu.

4 La fécondation :

a. ☐ est interne quand elle a lieu dans le corps de la femelle.
b. ☐ nécessite un accouplement quand elle est externe.
c. ☐ a lieu dans les étamines de la fleur.

5 Une cellule de la peau humaine comporte :

a. ☐ 46 chromosomes de tailles différentes.
b. ☐ 23 paires de chromosomes.
c. ☐ 23 paires de chromosomes plus une paire de chromosomes sexuels.

6 Un gène :

a. ☐ est une molécule d'ADN.
b. ☐ est un chromosome.
c. ☐ peut exister sous différentes formes appelées allèles.

7 La multiplication cellulaire :

a. ☐ consiste en la fusion de deux cellules.
b. ☐ nécessite la duplication de chaque chromosome.
c. ☐ permet de créer des cellules différentes de la cellule initiale.

8 L'unicité de chaque individu est due au fait que :

a. ☐ chaque individu possède une combinaison originale d'allèles de l'espèce.
b. ☐ chaque individu possède la moitié des gènes de l'espèce.
c. ☐ chaque individu possède des gènes de l'espèce et des gènes qui lui sont propres.

9 L'ancêtre commun à tous les êtres vivants :

a. ☐ est un être vivant constitué de plusieurs cellules.
b. ☐ possède une molécule d'ADN comme support de l'information génétique.
c. ☐ est apparu il y a 2 milliards d'années.

10 L'évolution :

a. ☐ est indépendante des évènements géologiques et climatiques terrestres.
b. ☐ est dépendante de la sélection naturelle.
c. ☐ est indépendante des mutations qui touchent l'ADN.

Réponses :

1 c La réaction chimique entre les nutriments et le dioxygène libère de l'énergie utilisable par la cellule et de la chaleur. – **2 b** Les cellules chlorophylliennes fabriquent leur matière organique à partir du dioxyde de carbone de l'air et des substances minérales puisées par les racines. La lumière est indispensable. – **3 b** Les gamètes proviennent de deux individus de sexe différent mais de la même espèce. – **4 a** La fécondation interne nécessite un accouplement. Chez la fleur, elle a lieu dans l'ovaire contenu dans le pistil. – **5 b** 23 paires de chromosomes dont une paire de chromosomes sexuels, XX chez la femme et XY chez l'homme. – **6 c** Un gène est un fragment de molécule d'ADN donc un fragment de chromosome. – **7 b** La multiplication cellulaire d'une cellule aboutit à deux cellules identiques entre elles et à la cellule initiale. – **8 a** Chaque individu possède la totalité des gènes de l'espèce. – **9 b** L'ancêtre commun à tous les êtres vivants est unicellulaire et est apparu il y a environ 3,8 milliards d'années. – **10 b** L'évolution est influencée par les évènements géologiques et climatiques qui modifient les conditions de vie et par les mutations qui sont à l'origine de nouveaux caractères.

Modifications de l'organisme lors d'un effort

FICHE 38

1 Les besoins des muscles en activité

- Au cours d'une activité physique, les besoins des muscles augmentent.

- Ils consomment plus de dioxygène et de nutriments afin de couvrir leurs dépenses énergétiques.

2 Rythme respiratoire et effort physique

- Au cours d'une activité physique, le rythme respiratoire augmente.

- Cette augmentation permet de prélever **plus de dioxygène** dans l'air et donc de recharger le sang en dioxygène au niveau des **alvéoles pulmonaires**.

3 Rythme cardiaque et effort physique

- Au cours d'une activité physique, le rythme cardiaque augmente.

- Cette augmentation permet d'envoyer **plus de sang** et donc plus de dioxygène et de nutriments aux muscles en activité.

À retenir

Le **sang** est mis en mouvement par le **cœur**, muscle creux, qui propulse le sang dans les **vaisseaux sanguins** de façon rythmique. La circulation du sang dans le système clos de l'appareil circulatoire est à **sens unique** et assure les **échanges permanents** au niveau des organes.

4 Capacités, limites de l'organisme et dopage

- Les capacités de l'organisme peuvent être augmentées grâce à un **entraînement** adapté. Cependant, lorsque les capacités n'augmentent plus, le corps a atteint ses **limites**.

- Le **dopage** consiste à **absorber des substances** ou **user de méthodes** permettant **d'augmenter ses capacités physiques**. Il est dangereux pour la santé et peut avoir des conséquences mortelles.

5 La commande nerveuse du mouvement

• Le **message nerveux sensitif**, créé par l'organe sensoriel, est transmis par le **nerf sensitif** aux **centres nerveux** (cerveau et moelle épinière). Ceux-ci analysent le message et élaborent en réponse des **messages nerveux moteurs** qui sont transmis par les **nerfs moteurs** jusqu'aux **organes effecteurs**.

Relations nerveuses entre les organes sensoriels et les organes effecteurs lors de la réalisation d'un mouvement

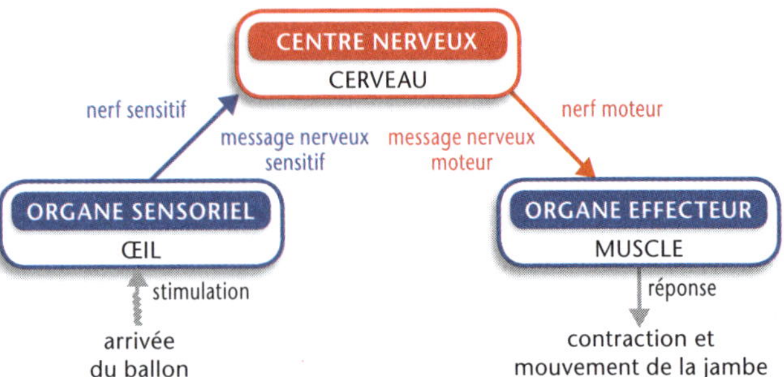

6 Les neurones, support de la communication nerveuse

• Les neurones sont des **cellules nerveuses** constituées d'un **corps cellulaire** qui reçoit les messages des autres neurones et d'un long prolongement cytoplasmique (ou **fibre nerveuse**) qui transmet les messages à d'autres neurones.

7 Les conditions d'un bon fonctionnement du système nerveux

• Le cerveau est un organe qui nécessite un apport en **nutriments** suffisant et continu.

• Une **activité physique** et **cérébrale** régulière et des phases de repos comme le **sommeil** aident à stimuler et à protéger nos capacités cérébrales.

• La consommation d'**alcool**, de certains **médicaments** ou de **drogues**, mais aussi la **fatigue** et le **bruit** perturbent la transmission des messages nerveux au niveau cérébral, ce qui entraîne une **mauvaise perception** de l'environnement.

Alimentation et digestion

FICHE 39

1 La transformation des aliments dans le tube digestif

• Au cours de leur trajet dans le **tube digestif** formé de la bouche, l'œsophage, l'estomac, l'intestin grêle et le gros intestin, les aliments subissent une transformation et sont réduits en bouillie.

• La **mastication** dans la bouche et les **mouvements** dans l'œsophage, l'estomac et l'intestin grêle réduisent les aliments.

• Les aliments non digérés poursuivent leur trajet dans le gros intestin et sont expulsés au niveau de l'anus.

2 L'action des enzymes digestives

• En plus de l'action mécanique, les aliments subissent l'action chimique des **enzymes digestives** contenues dans les **sucs digestifs** des glandes salivaires, de l'estomac et de l'intestin grêle.

• Les aliments sont réduits en **nutriments** solubles et se retrouvent dans l'intestin grêle.

La digestion des aliments et l'absorption des nutriments

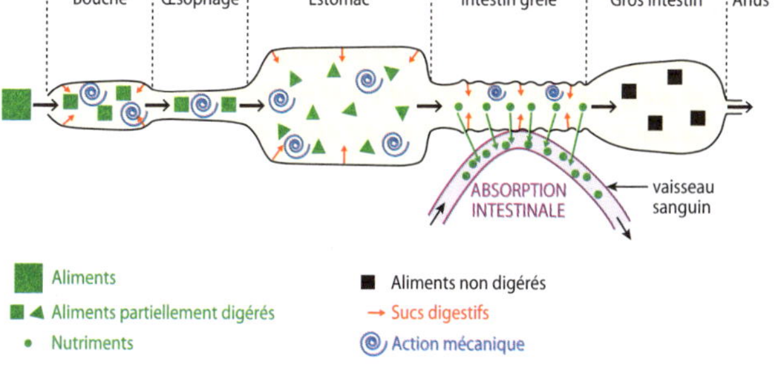

3 Le passage des nutriments dans le sang

À retenir

Les **nutriments**, résultats de la digestion, sont acheminés par le sang jusqu'aux organes.
En présence de **dioxygène** apporté par la respiration, les nutriments libèrent l'**énergie** nécessaire au fonctionnement des organes (voir Fiche 30).

• Au niveau de l'intestin grêle, organe richement vascularisé, les nutriments sortent du tube digestif et passent dans le sang, c'est l'**absorption intestinale**.

• La structure de l'intestin grêle, vaste **surface d'échanges** grâce à ses replis et **villosités**, favorise le passage des nutriments.

4 Alimentation et apport en énergie

• Les **apports en énergie** varient en fonction des aliments consommés.

• Les légumes, fruits et laitages sont faiblement **énergétiques**.

• En revanche, les aliments sucrés, les matières grasses et la charcuterie sont très énergétiques.

5 Les besoins énergétiques

• Les **besoins énergétiques** varient selon les individus.

• L'énergie nécessaire à un individu pour couvrir ses dépenses énergétiques dépend de son âge, son sexe et ses activités.

6 L'équilibre alimentaire

À retenir

Manger équilibré c'est consommer tous les aliments mais dans des quantités recommandées par le programme national nutrition santé.

• Une alimentation est **équilibrée** lorsque les apports énergétiques fournis par les aliments couvrent les dépenses énergétiques de l'individu.

• La consommation de matières grasses, d'aliments sucrés ou salés, le grignotage et le manque d'exercice physique favorisent l'apparition des **maladies cardiovasculaires** ou de l'**obésité**, à l'origine de maladies nutritionnelles comme le **diabète**.

Relations avec le monde microbien

1 De la contamination à l'infection

• La **contamination** par les micro-organismes pathogènes a lieu lorsque les **barrières naturelles** du corps sont franchies. Elle peut se faire par l'eau, l'air, le sang ou lors des rapports sexuels.

• L'**infection** correspond à la multiplication des **bactéries** dans le sang et la lymphe et à la sécrétion des **toxines** véhiculées par le sang. Les **virus** se multiplient dans des **cellules-hôtes**.

À retenir

Les microbes (ou micro-organismes) :
– sont **utilisés** dans l'industrie alimentaires et pharmaceutique ;
– sont présents dans le tube digestif ;
– sont parfois **pathogènes** (bacille de la tuberculose, virus de la grippe).

2 Protections contre la contamination et l'infection

• **L'asepsie** permet d'éviter la contamination en supprimant les micro-organismes pathogènes.

• Les produits **antiseptiques** permettent d'éviter l'infection en détruisant ou limitant le développement des micro-organismes.

• Les **antibiotiques** détruisent ou bloquent la multiplication des **bactéries** dans l'organisme infecté. Ils sont sans effet sur les virus.

3 Le système immunitaire

• Le **système immunitaire** permet à l'organisme de reconnaître des éléments étrangers et de se défendre. Les **organes lymphoïdes** fabriquent des **leucocytes** qui circulent dans le sang et la lymphe vers les lieux de l'infection.

4 La réaction immédiate à l'infection

• Certains leucocytes, les **phagocytes**, détectent et éliminent un grand nombre de micro-organismes étrangers par **phagocytose**. Cela permet le plus souvent de stopper l'infection.

5 La réaction immunitaire lente et ciblée

• Si l'infection n'est pas stoppée, une réaction immunitaire plus lente mais plus ciblée se met en place. Elle fait intervenir les **lymphocytes B et T** capables de reconnaître des molécules étrangères, les **antigènes**, et de s'activer.

• Les lymphocytes B fabriquent des **anticorps** qui se fixent sur les antigènes et les neutralisent. Le complexe antigène-anticorps est ensuite phagocyté.

• Les lymphocytes T détruisent par **contact** les cellules infectées par un virus.

6 Le principe de la vaccination

• Lors d'un deuxième contact avec le même antigène, la réaction immunitaire est plus rapide et plus efficace. Cela est dû à l'existence de **lymphocytes mémoire** activés lors du premier contact et responsables de la **mémoire immunitaire**.

• La **vaccination** consiste à injecter préventivement des micro-organismes rendus non pathogènes afin de fabriquer des lymphocytes mémoire.

Schéma-bilan de la défense de l'organisme contre les infections

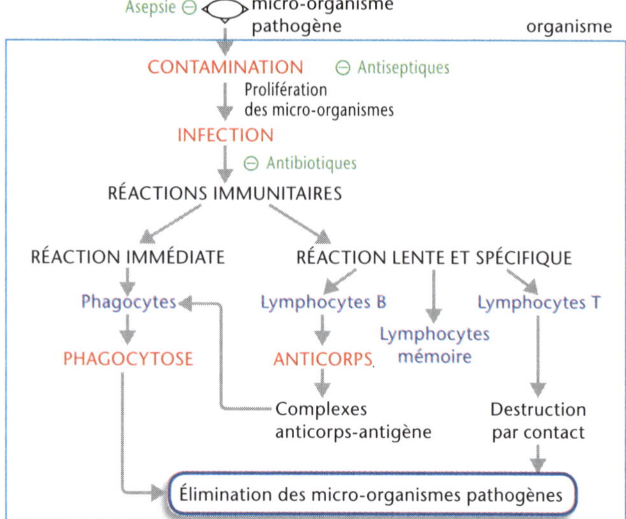

Reproduction et sexualité

1 La mise en route du fonctionnement des organes reproducteurs

a. Les transformations liées à la puberté

• La **puberté** est due à une augmentation des concentrations sanguines de certaines **hormones cérébrales** qui déclenchent le développement des testicules et des ovaires.

À retenir

Une **hormone** est une substance fabriquée par un organe, libérée dans le **sang** et qui agit sur le fonctionnement d'un **organe-cible**.

• Ceux-ci libèrent à leur tour des **hormones sexuelles** qui entraînent l'apparition des **caractères sexuels secondaires**.

b. Un fonctionnement continu chez l'homme

• Les **testicules** se mettent à fabriquer des millions de **spermatozoïdes**, **gamètes** mâles, en continu et ce jusqu'à la mort.

• Mélangés aux sécrétions des glandes annexes, ils forment le **sperme** et sont libérés lors de l'**éjaculation**.

c. Un fonctionnement cyclique chez la femme

• Un des deux **ovaires** expulse, chaque **cycle de 28 jours**, un **ovule**, gamète femelle, dans la **trompe** et ce jusqu'à la **ménopause**.

• Les hormones ovariennes entraînent le développement de la paroi interne de l'**utérus**. En l'absence de fécondation, le taux d'hormones diminue, ce qui déclenche la destruction de la paroi : ce sont les **règles**.

• Les cycles de l'ovaire et de l'utérus sont **synchrones** : le 1er jour du cycle débute avec les règles et le 14e jour est marqué par l'**ovulation**.

2 Concevoir un enfant

a. La fécondation

• Lors d'un **rapport sexuel**, les spermatozoïdes, déposés dans le vagin, remontent jusqu'aux **trompes**.

• Si le rapport sexuel a lieu autour de la période d'ovulation, un spermatozoïde peut pénétrer dans l'ovule et former une **cellule-œuf** : c'est la **fécondation**.

b. La grossesse

• Durant son trajet vers l'utérus, la cellule-œuf se divise et devient un **embryon**, puis s'implante dans la paroi de l'utérus : c'est la **nidation**.

• Du fait du maintien du taux d'hormones ovariennes, la paroi interne n'est pas éliminée, les règles ne se produisent pas, ce qui est un signe du début de la **grossesse**.

• L'embryon se développe et devient un **fœtus** grâce aux échanges avec le sang maternel, au niveau du **placenta**.

c. La naissance

• Après 9 mois de grossesse, des **contractions de l'utérus** permettent la dilatation du col de l'utérus et l'expulsion du bébé : c'est l'**accouchement**.

3 La maîtrise de la reproduction

a. La contraception

• La contraception désigne l'ensemble des méthodes utilisées pour éviter qu'un rapport sexuel aboutisse à une grossesse. Elle doit être **efficace** et **réversible**. Elle peut être **chimique** (pilule) ou **mécanique** (stérilet, préservatif).

b. La contragestion

• La **pilule du lendemain** est une contraception d'urgence en cas de rapport sexuel mal ou non protégé. Son utilisation doit rester exceptionnelle. Elle empêche l'ovulation et la nidation.

• L'**avortement** (RU 486) interrompt une grossesse.

c. La procréation médicalement assistée

• Les méthodes de procréation médicalement assistée (**PMA**) comme l'**insémination artificielle** ou la **fécondation *in vitro* avec transfert d'embryon** (**FIVETE**) peuvent permettre à un couple stérile de donner naissance à un enfant.

Exercice commenté pas à pas

Lire et exploiter un graphique

Lire et exploiter le graphique ci-dessous pour expliquer le principe de la vaccination.

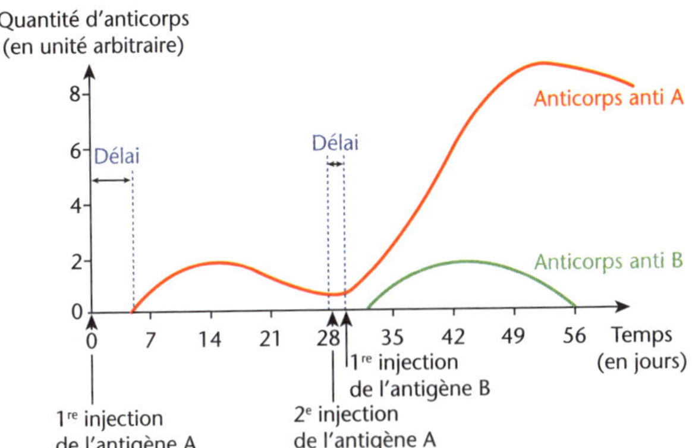

Avant de commencer

▶ Lire **le titre du graphique** pour repérer le phénomène étudié en fonction d'une grandeur que l'on fait varier, appelée variable.

▶ Identifier **le phénomène étudié sur l'axe vertical** et ses unités.

▶ Identifier **la grandeur variable sur l'axe horizontal** et ses unités

▶ Exploiter les deux courbes de **façon indépendante** car ce sont deux antigènes différents.

→ Commencez par la courbe rouge : repérez les deux dates d'injection, le délai, la durée de production d'anticorps et l'évolution de la quantité d'anticorps produite suite aux deux injections.

On injecte l'antigène A à j = 0 puis à j = 28. Suite à la première injection, le délai de production d'anticorps est de 5 jours et la durée de 23 jours, alors qu'après la seconde injection, le délai est de 1 jour et la durée dépasse largement les 30 jours.

Suite à la première injection, le taux d'anticorps nul augmente à partir de j = 5 et atteint 2 ua à j = 16, puis il redescend jusqu'à j = 28 pour atteindre 0,5 ua. Après la seconde injection, il atteint 9 ua, 28 jours plus tard et redescend doucement.

→ Remarquez que la courbe verte avec l'antigène B est identique à la première injection de l'antigène A.

Le délai et la durée sont les mêmes, ainsi que la variation de la quantité d'anticorps.

→ Mobilisez vos connaissances sur la mémoire immunitaire et la vaccination.

Lors d'un contact avec un antigène, la réaction immunitaire produit aussi des lymphocytes mémoire. La vaccination consiste à injecter des antigènes « atténués » capables de déclencher une réaction immunitaire.

Corrigé

Le graphique nous montre l'évolution du taux d'anticorps en réponse à une ou deux injections d'un antigène donné. Suite à une première injection d'antigène, la réaction immunitaire produit des anticorps avec un délai de 5 jours, la quantité maximale est de 2 ua et la durée de production est de 23 jours. Après la seconde injection, le délai est raccourci à un jour, la production atteint 9 ua et la durée est très supérieure. On en déduit que les lymphocytes mémoire produits lors de la première injection permettent au système immunitaire de réagir plus vite, plus intensément et plus durablement lors d'un second contact. De plus, l'injection à t = 28 de l'antigène B n'entraîne pas la même réponse que le deuxième contact avec l'antigène A. Cela montre que la mémoire immunitaire est dirigée contre un antigène déterminé. Lors de la vaccination, on va donc injecter un antigène « atténué » pour acquérir préventivement et durablement une mémoire immunitaire contre un antigène déterminé.

Le corps humain et la santé

MÉMO

THÈMES clés

MOTS clés

Absorption intestinale : passage des nutriments de l'intestin grêle vers le sang.

Centre nerveux : organe (cerveau, moelle épinière) qui reçoit des messages nerveux sensoriels et envoie des messages nerveux moteurs.

Contraception : ensemble des méthodes chimiques ou mécaniques pour empêcher la fécondation lors d'un rapport sexuel.

Digestion : transformation mécanique et chimique des aliments en nutriments.

Infection : multiplication de micro-organismes pathogènes chez un individu.

Nutriment : substance provenant de la digestion d'un aliment et capable d'être absorbée au niveau de l'intestin grêle.

PMA : procréation médicalement assistée (insémination artificielle, FIVETE).

Puberté : période durant laquelle les individus deviennent aptes à transmettre la vie.

Rythme cardiaque : nombre de battements du cœur par minute.

Rythme respiratoire : nombre de mouvements respiratoires (inspiration et expiration) par minute.

Système immunitaire : système de défense de l'organisme contre les agressions microbiennes.

Vaccination : méthode préventive permettant d'immuniser un individu contre une maladie.

Modifications de l'organisme au cours d'un effort

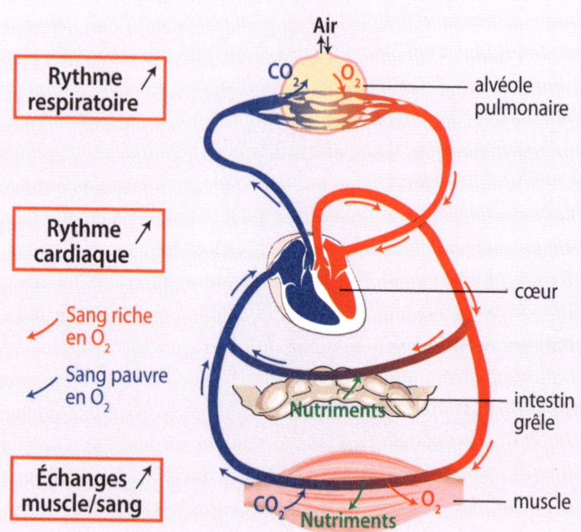

Les cycles ovarien et utérin

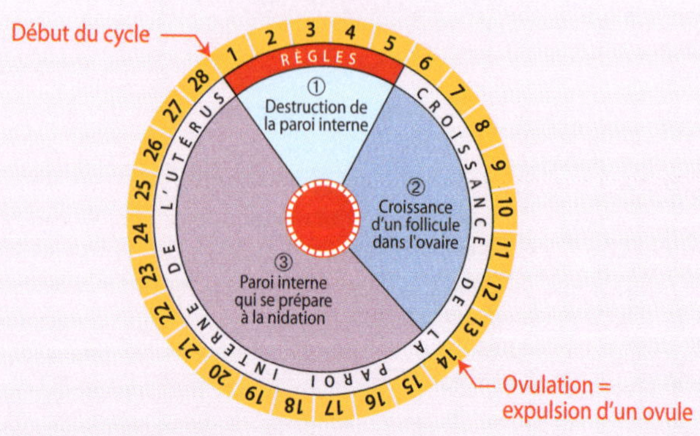

Quiz-bilan

→ *Réponses au verso.*

1 Au cours d'une activité physique, les muscles :

a. ☐ consomment plus de dioxyde de carbone et de nutriments.

b. ☐ sont alimentés en nutriments grâce à l'augmentation du rythme respiratoire.

c. ☐ augmentent leurs échanges avec le sang.

2 Les centres nerveux :

a. ☐ élaborent des messages nerveux sensitifs.

b. ☐ reçoivent des messages nerveux moteurs.

c. ☐ mettent en relation les organes sensoriels et les muscles.

3 La digestion :

a. ☐ se situe dans l'estomac.

b. ☐ fait intervenir des sucs digestifs.

c. ☐ transforme tous les aliments en nutriments.

4 L'absorption intestinale :

a. ☐ est le passage des aliments vers le sang.

b. ☐ a lieu dans le gros intestin.

c. ☐ est facilitée grâce aux villosités intestinales.

5 L'infection :

a. ☐ est la multiplication des micro-organismes pathogènes chez un individu.

b. ☐ a lieu avant la contamination.

c. ☐ est empêchée par l'asepsie.

6 Les lymphocytes B :

a. ☐ détruisent les cellules infectées par contact.

b. ☐ sont fabriqués immédiatement après l'infection.

c. ☐ fabriquent des anticorps.

7 La vaccination :

a. ☐ consiste à injecter des micro-organismes pathogènes.
b. ☐ s'appuie sur l'existence des lymphocytes mémoire.
c. ☐ est une méthode curative.

8 La puberté :

a. ☐ correspond à l'apparition des organes reproducteurs.
b. ☐ est due à une augmentation d'hormones cérébrales.
c. ☐ entraîne la mise au repos des ovaires et des testicules.

9 La contraception peut :

a. ☐ empêcher l'apparition des règles.
b. ☐ empêcher le développement du fœtus.
c. ☐ empêcher l'ovulation.

10 La PMA :

a. ☐ permet d'éviter une grossesse.
b. ☐ veut dire « projet maternel assisté ».
c. ☐ peut consister en un don de sperme.

Réponses :

1 c Au cours d'une activité physique, les muscles sont plus alimentés en dioxygène et en nutriments grâce à l'augmentation du rythme cardiaque. – **2 c** Les centres nerveux reçoivent des messages nerveux sensoriels et élaborent des messages nerveux moteurs. – **3 b** La digestion a lieu dans le tube digestif, les aliments non digérés vont dans le gros intestin. – **4 c** L'absorption intestinale est le passage des nutriments de l'intestin grêle vers le sang. – **5 a** L'infection a lieu après contamination et est empêchée par les produits antiseptiques. – **6 c** Les lymphocytes T détruisent les cellules infectées par contact. Cette réaction immunitaire est lente. – **7 b** La vaccination consiste à injecter préventivement des micro-organismes atténués. – **8 b** La puberté correspond à l'apparition des caractères sexuels secondaires et à la mise en route des ovaires et des testicules. – **9 c** La contraception maintient les cycles sexuels et n'entraîne pas d'avortement. – **10 c** La PMA, ou procréation médicalement assistée, permet aux couples stériles de donner naissance à un enfant.

Identifier un besoin et s'approprier un cahier des charges

FICHE 45

1 Le besoin exprimé sous forme littérale

• Une pizzeria a demandé à une entreprise de fabrication de drones d'adapter sur leurs drones un crochet permettant le transport et le largage de pizzas chez les clients.
Il devra transporter une masse de 1 000 grammes comprenant les pizzas et leur boîte, s'ouvrir à 10 cm du sol, avertir le client par un signal sonore et consommer peu d'énergie.

2 Le besoin exprimé avec un diagramme des cas d'utilisation

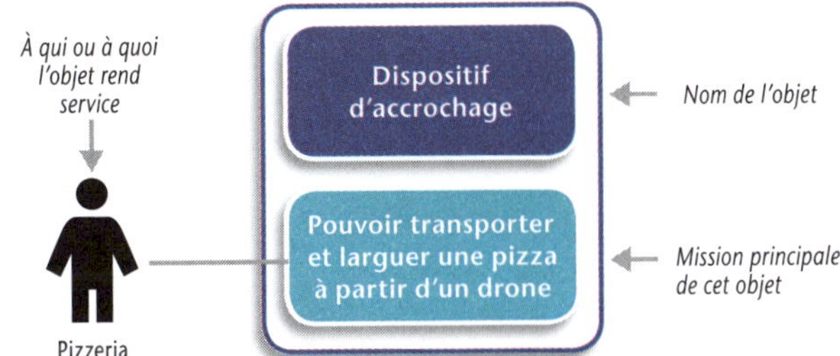

3 Le besoin exprimé par un cahier des charges

Fonction et contraintes	Critères	Niveaux
Fonction principale : transporter les pizzas	Masse	1 000 g
Contrainte n° 1 : la pizza doit être libérée à destination	Hauteur de largage	Entre 0 et 10 cm
Contrainte n° 2 : le client doit être averti	Signal sonore	À 2 mètres de l'arrivée
	Distance audibilité	20 m

• Le cahier des charges précise **la fonction principale** que doit assurer un système et **les contraintes** qu'il doit respecter. Il précise **les niveaux de performance** à atteindre.

Participer à l'organisation et au déroulement de projets

1 Les étapes d'un projet

Un fabricant de drones a listé les étapes lui permettant d'adapter un crochet sur un drone existant pour transporter des pizzas.

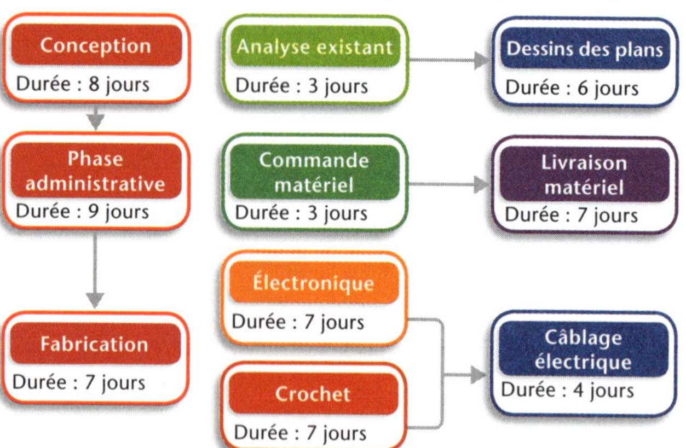

Cet organigramme permet de visualiser les grandes étapes du projet et les opérations qui y sont associées.

2 Le planning prévisionnel

Extrait du planning prévisionnel de réalisation d'un dispositif d'accrochage de pizzas pour drone																										
	11	12	13	14	15	16	17	18	19	20	21	22	23	24	25	26	27	28	29	30	31	1	2	3	4	5
Nom	janvier 2015																					février 2015				
Conception																										
– Analyse de l'existant																										
– Dessins des plans																										
Phase administrative																										
– Commande du matériel																										
– Livraison du matériel																										
Fabrication																										
– Électronique																										
– Crochet																										

Les revues de projet correspondent aux grandes étapes. Elles permettent de vérifier si les opérations réalisées sont cohérentes par rapport au cahier des charges.

Rechercher des solutions techniques et les exprimer avec des outils de description

FICHE 47

1 Le diagramme de définition des blocs

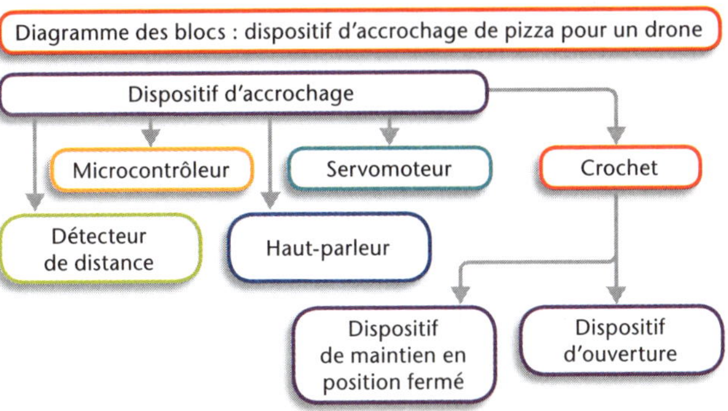

Un diagramme de définition des blocs est un schéma qui permet de décrire l'ensemble des **composants** d'un système. Les liens entre certains blocs sont représentés.

2 Le croquis

- Un croquis est un dessin fait « à main levée » sans recherche de détails.
- Le but est de dégager **l'essentiel de la solution** liée au système.

① Trou pour fixer le drone.

② Pièce actionnée par un servomoteur pour bloquer le crochet (cliquet).

③ Axe du crochet.

④ Crochet qui bascule pour libérer les pizzas.

⑤ Sangle reliée aux boîtes de pizzas.

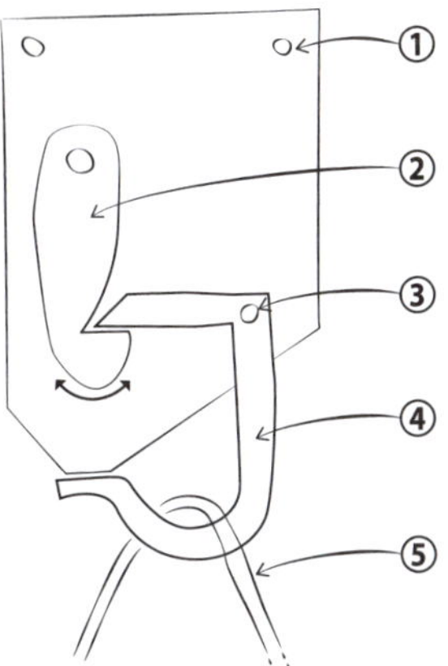

FICHE 48

Traduire à l'aide d'outils de représentation numérique des choix de solutions

1 La représentation 3D dans une démarche de design

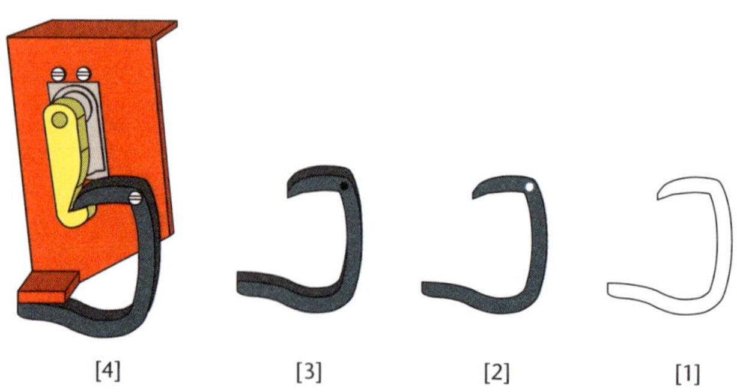

• Pour dessiner le crochet à l'aide d'un logiciel de représentation 3D, il a été nécessaire de dessiner son **profil** grâce à des **outils géométriques** [1], le trou permettant la liaison avec une vis au support [2] puis de l'**extruder** afin d'obtenir l'épaisseur souhaitée [3]. Le **choix des dimensions** doit permettre aux pièces représentées de s'**assembler** correctement [4].

• Un designer a revu la forme du crochet afin d'améliorer son **esthétique** et l'ensemble des fonctions.

2 La réalité augmentée

Un dispositif de réalité augmentée permet de simuler virtuellement le fonctionnement d'un système.

Réaliser le prototype de la structure d'un objet technique

FICHE 49

1 Prototypage par ajout de matière

Le principe de l'impression 3D

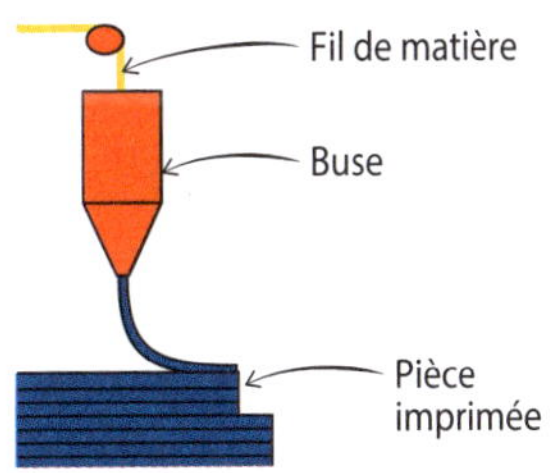

Le paramétrage de l'impression 3D

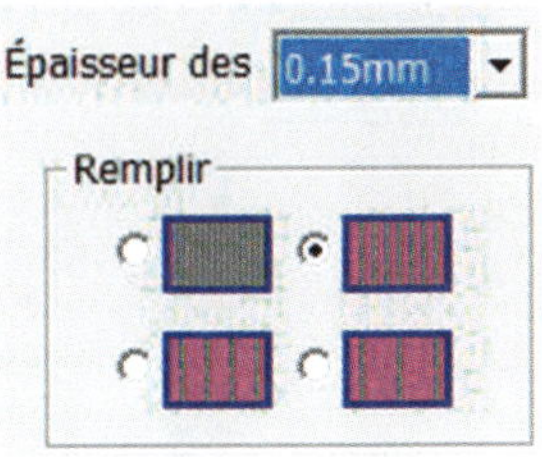

Fichier permettant l'impression 3D du crochet avec une imprimante 3D

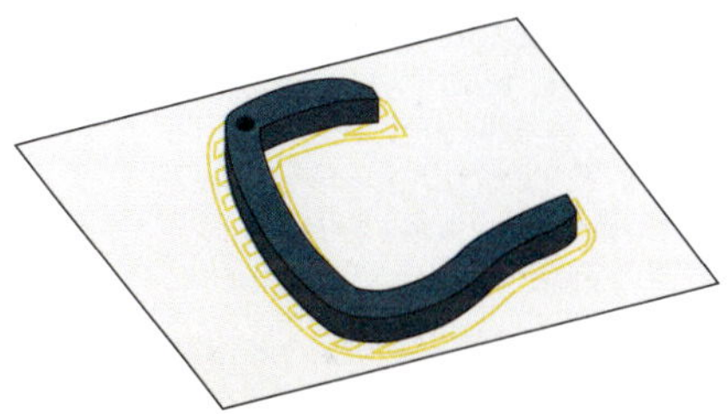

Une imprimante 3D permet de réaliser un prototype en déposant successivement de fines couches de matière. Pour obtenir une résistance mécanique satisfaisante, il est possible de faire varier la densité de matière à l'intérieur de la pièce (procédé de « remplissage »).

2 Prototypage par enlèvement de matière

Une fraiseuse à commande numérique permet de réaliser un prototype en enlevant des fragments de matière (copeaux) grâce à un outil coupant (fraise en rotation).

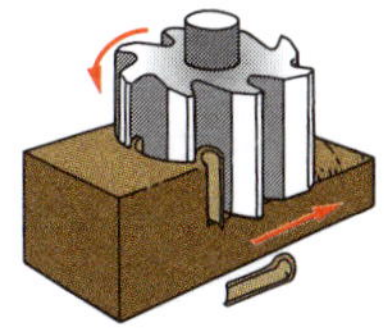

FICHE 50

Participer à l'organisation et au déroulement de projets

Outil méthode

Le prototypage d'un circuit de commande est constitué de cartes électroniques assurant différentes fonctions, de fils électriques et d'un environnement de programmation.

a. Le microcontrôleur

- Le microcontrôleur est **l'élément central** qui comporte le programme.
- Il possède **des entrées et des sorties** qui permettent de connecter les autres cartes.

Carte microcontrôleur Arduino

b. Les capteurs

Les capteurs **collectent des informations** sur leur **environnement**, comme la température, un mouvement, un obstacle, de la lumière…

Carte de détection d'obstacle

c. Les actionneurs

Les actionneurs permettent des **actions** comme une lampe produisant de la lumière, un moteur qui actionne un crochet…

Servomoteur

Carte de commande d'un servomoteur

d. La connectique

La connectique désigne l'ensemble des **fils, câbles, fiches** permettant de réaliser des **liaisons électriques** entre les différents éléments.

BILAN

Démarche de projet : design, innovation et créativité

SCHÉMA-BILAN

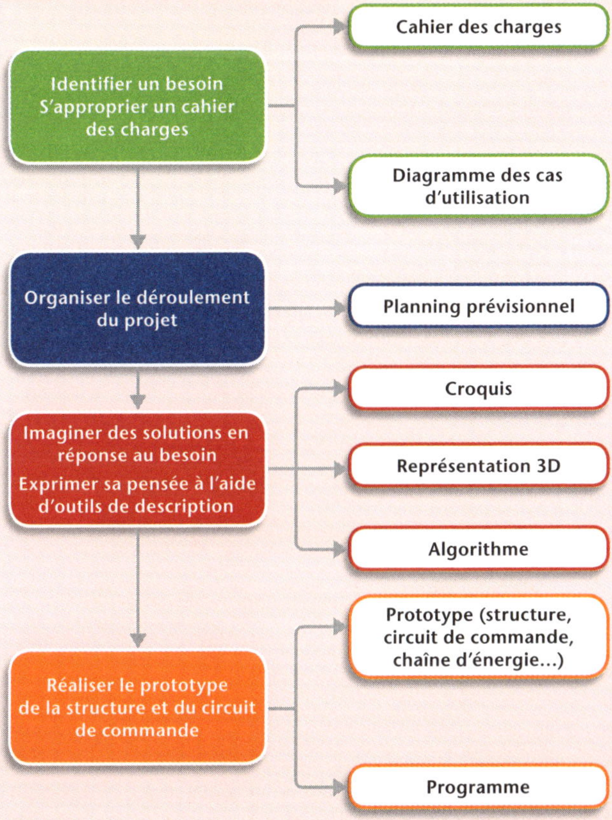

Identifier un besoin
S'approprier un cahier des charges
→ Cahier des charges
→ Diagramme des cas d'utilisation

↓

Organiser le déroulement du projet
→ Planning prévisionnel

↓

Imaginer des solutions en réponse au besoin
Exprimer sa pensée à l'aide d'outils de description
→ Croquis
→ Représentation 3D
→ Algorithme

↓

Réaliser le prototype de la structure et du circuit de commande
→ Prototype (structure, circuit de commande, chaîne d'énergie…)
→ Programme

Une démarche technologique est constituée d'étapes qui, à partir de l'identification d'un besoin, réalisent un prototype permettant de valider les solutions imaginées.

FICHE 52

Relier les évolutions technologiques aux inventions et innovations

La réalisation d'une **frise chronologique** d'une famille d'objets permet de visualiser des **lignées d'objets** au regard des inventions, innovations et évènements qui marquent leur histoire, d'expliquer **les continuités** (même lignée) **et les ruptures technologiques** (différentes lignées).

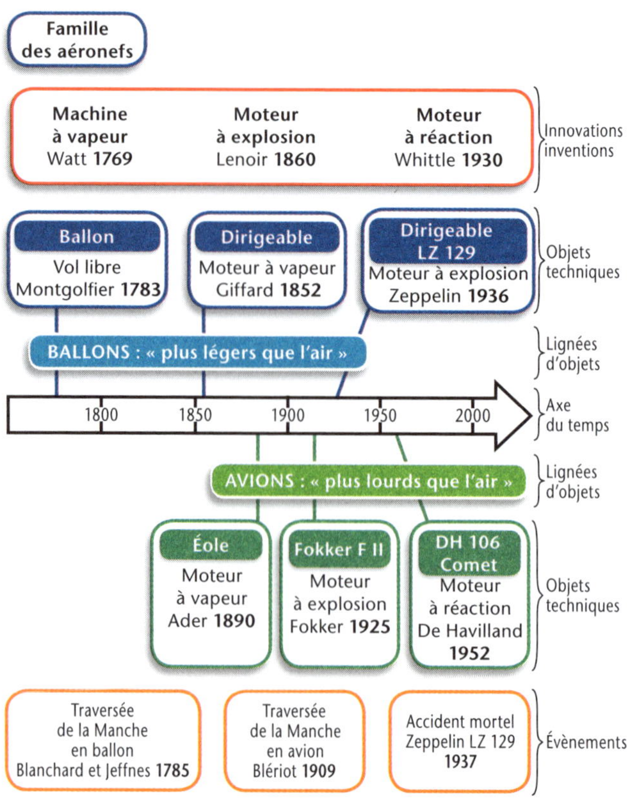

La frise présente deux lignées d'aéronefs : celle des ballons qui s'est éteinte en 1937 au profit de celle des avions.

Analyser le cycle de vie d'un objet et son impact social et environnemental

FICHE 53

- Les évolutions des objets techniques ont des impacts sociaux et environnementaux.
- Ils peuvent être analysés selon trois points de vue :
  - celui de l'**ingénieur** (scientifique, technique, industriel) ;
  - celui de l'**utilisateur** (fonctionnel, ergonomique, rapport performances/qualité/prix) ;
  - celui du **citoyen** (sociologique, économique, environnemental, historique).

Le cycle de vie d'un produit

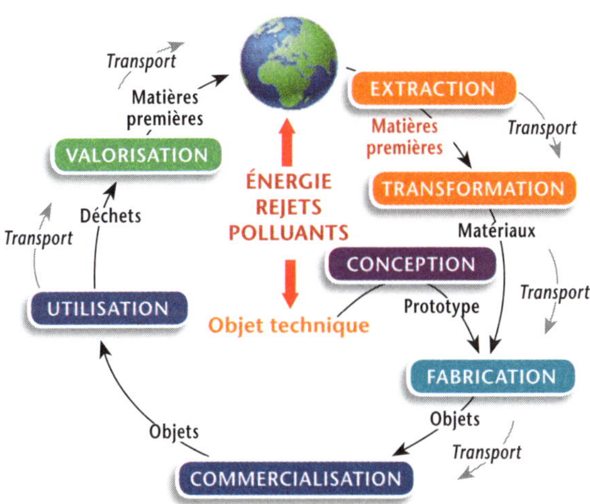

- L'analyse du cycle de vie d'un objet technique montre que de l'**énergie** et des **matières premières** sont nécessaires à chaque étape.
- En **fin de vie**, les matériaux de l'objet technique sont **valorisés** : incinérés, pour produire de l'énergie, ou bien recyclés.
- L'objet technique émet, tout au long de sa vie, des **rejets** pouvant être polluants, dont le dioxyde de carbone, responsable du réchauffement climatique. Les **transports** s'ajoutent à la consommation d'énergie et à l'émission de produits polluants.

FICHE 54

Évolution des objets techniques, des services et des changements induits dans la société

BILAN

SCHÉMA-BILAN

L'évolution technologique est induite par :

- les demandes des **utilisateurs** (fonction, esthétique, ergonomie...) ;
- la **société** (à travers des normes de sécurité, l'environnement...) ;
- les **découvertes scientifiques** ;
- les **inventions et innovations** donnant lieu à des brevets ;
- l'**histoire** des peuples (crises, conflits, situations économiques et géopolitiques...).

ÉVOLUTION TECHNOLOGIQUE

Famille d'objets

Lignée d'objets

Lignée d'objets

Lignée d'objets

*Les objets sont étudiés par **famille d'objets** répondant à un même besoin, dans lesquelles on distingue des **lignées d'objets** construits selon le même principe général.*

Les évolutions technologiques induisent des modifications :

- du comportement des **utilisateurs** : nécessitant de bonnes pratiques, notamment dans l'usage d'objets communicants ;
- de la **société** : dans les organisations du travail, les modes de vie, de consommation, de communication, la manière de vivre ensemble ;
- de l'**économie** : par des investissements et des consommations sur des secteurs nouveaux au détriment d'anciennes activités ;
- sur l'**environnement** : selon les consommations d'énergie, de matières premières et les rejets plus ou moins polluants ;
- des **technologies** : par la recherche d'améliorations et de réponses à de nouveaux besoins.

Mesurer des grandeurs de manière directe ou indirecte

FICHE 55

1 Un protocole de mesure directe de la valeur d'une résistance

<table>
<tr>
<td>

Matériel
– Résistances à mesurer **[1]**
– Multimètre **[2]** en position ohmmètre
– Cordons de connexion **[3]**
Instructions
– Brancher la résistance à mesurer aux bornes de l'ohmmètre.
– Régler le calibre sur une valeur juste supérieure à celle de la résistance à mesurer.

</td>
<td>

Schéma

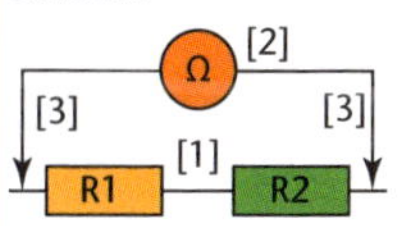

Résultats
Lecture sur l'écran de l'appareil.

</td>
</tr>
</table>

Le résultat est obtenu en relevant **directement** la valeur indiquée sur l'appareil de mesure.

2 Un protocole de mesure indirecte de la valeur d'une résistance

<table>
<tr>
<td>

Matériel
– Résistances à mesurer **[1]**
– Multimètre **[2]** en position ampèremètre
– Cordons de connexion **[3]**
– Alimentation stabilisée **[4]** à 4,5 V
Instructions
– Réaliser le montage selon le schéma ci-contre.
– Régler le calibre de l'ampèremètre sur la valeur maximum (10 A).
– Brancher l'alimentation.
– Abaisser le calibre de l'ampèremètre jusqu'à obtenir une mesure correcte.

</td>
<td>

Schéma

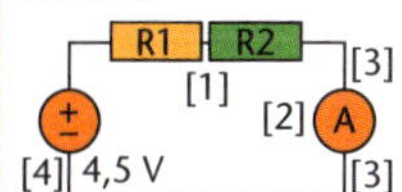

Résultats
Lecture de l'intensité.
La loi d'ohm permet de déterminer la valeur de la résistance :
Sachant que $U = R \times I$
$R = \frac{U}{I}$

</td>
</tr>
</table>

Le résultat est obtenu **indirectement** par la mesure d'une autre grandeur que celle recherchée, puis par l'application d'un modèle physique ou mathématique (formule). Le **choix d'une méthode** directe ou indirecte doit tenir compte de la précision recherchée. Il est parfois imposé par la difficulté de mesure (force, vitesse, accélération…).

Identifier les flux d'énergie et d'information

- Un diagramme des blocs internes décrit **les flux d'information et les flux d'énergie** qui circulent entre les composants de l'objet technique, ainsi que leurs **transformations** successives pour obtenir le fonctionnement recherché.

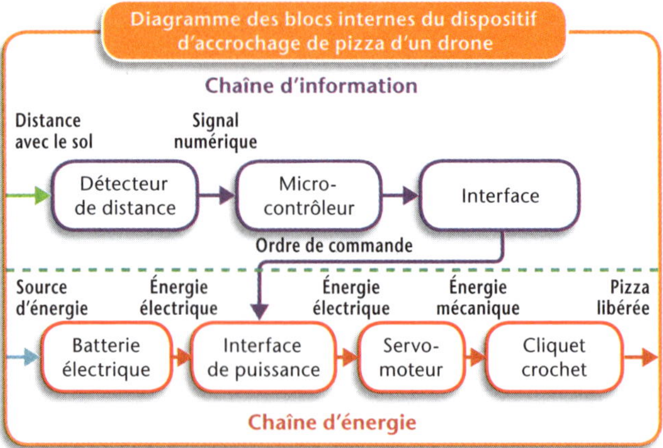

- Pour larguer une pizza, le drone possède un **détecteur de distance**. L'acquisition de cette information déclenche, grâce au **microcontrôleur** et à l'**interface**, un ordre de commande. Celui-ci agit sur le **servomoteur** qui fait pivoter le **cliquet** actionnant le **crochet**, lequel libère la **sangle** de la pizza de par son propre poids.

- L'ensemble du dispositif est maintenu par le support ①.
Le crochet ② supporte la sangle ④ qui porte une pizza emballée. Le crochet est bloqué en position grâce au cliquet ③.

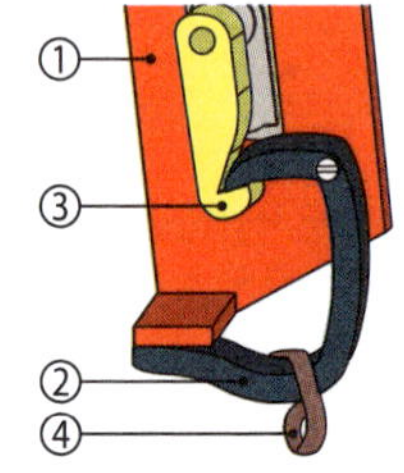

Identifier et justifier les matériaux utilisés

FICHE 57

Outil méthode

- Les **matériaux** qui constituent un objet technique sont déterminés en fonction de leurs **caractéristiques** mises en regard avec les **exigences du cahier des charges**.
- Ces exigences sont classées (hiérarchisées) selon la priorité à leur accorder pour répondre aux différentes fonctions et contraintes à assurer.

Un extrait du cahier des charges		La solution retenue
Drone livreur de pizzas	On recherche un matériau pour le crochet de largage du drone livreur de pizzas. Il doit pouvoir résister à la charge transportée dans le volume défini, être le plus léger possible et avoir un faible impact environnemental.	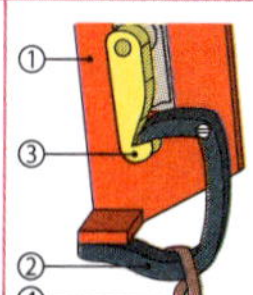 ① Support ② Crochet de largage ③ Cliquet ④ Sangle de largage

- Un tableau de choix d'un matériau met en relation les caractéristiques du matériau avec les propriétés recherchées pour répondre aux exigences du cahier des charges.

Un tableau de choix du matériau pour le crochet d'un drone livreur de pizzas

Propriétés recherchées	**Résister à la charge à transporter**	**Être le plus léger possible**	**Avoir un impact environnemental faible**
Caractéristiques des matériaux	**Limite élastique** en traction (en mégapascal)	**Masse volumique** (en kg par décimètre cube)	**Énergie** pour produire le matériau (en mégajoule par tonne)
Acier	250 MPa	7,85 kg/dm³	60 MJ/t
Aluminium	150 MPa	2,7 kg/dm³	250 MJ/t
PVC	30 MPa	0,95 kg/dm³	45 MJ/t
Épicéa	20 MPa	0,75 kg/dm³	1 MJ/t

FICHE 58

Simuler numériquement la structure et/ou le comportement d'un objet

Simulation du comportement d'une pièce d'un drone livreur de pizzas

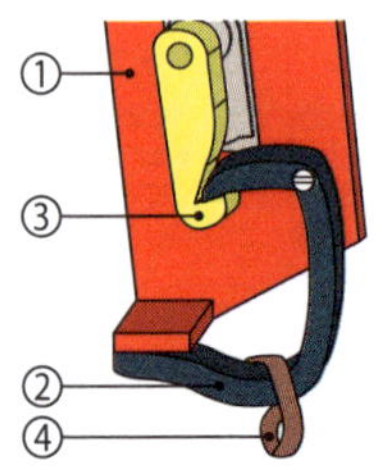

Le crochet ② bloqué par le cliquet ③ doit pouvoir supporter la sangle ④ portant une pizza emballée.

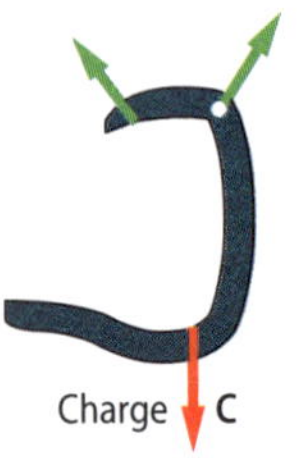

Le modèle est paramétré dans le logiciel de simulation en fonction du matériau et de la charge à supporter.

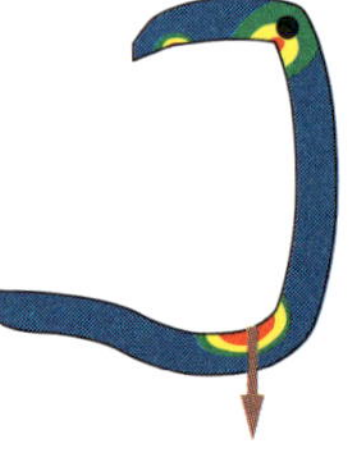

Les couleurs montrent comment se répartissent les efforts dans le crochet. Elles révèlent une fragilité (en rouge).

Représentation — Modélisation — Simulation

- La simulation teste de manière virtuelle le fonctionnement ou la structure d'un objet technique sans recours à un prototype réel.
- Elle révèle des écarts avec les attentes du cahier des charges et permet donc des corrections et des mises au point de l'objet avant d'envisager sa réalisation matérielle.

Démarche scientifique : la modélisation et la simulation des objets techniques

FICHE 59

SCHÉMA-BILAN

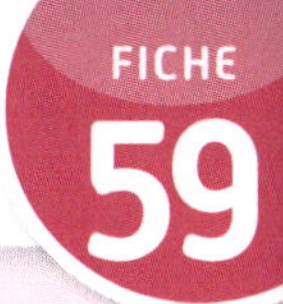

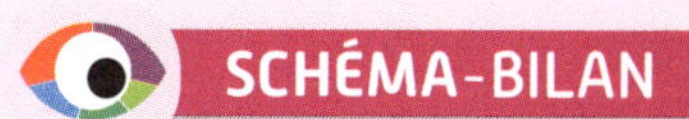

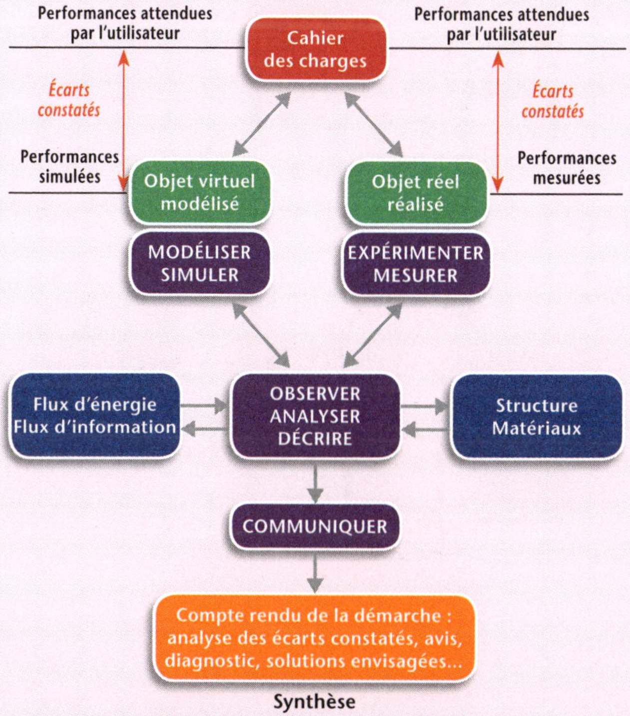

La **démarche technologique**, dans sa dimension scientifique, fait appel aux lois de la **physique**, de la **chimie** et aux outils **mathématiques** pour :
– résoudre des problèmes techniques ;
– analyser et investiguer des solutions techniques ;
– modéliser et simuler le fonctionnement et le comportement des objets et systèmes techniques.

Comprendre le fonctionnement d'un réseau informatique

• Les réseaux informatiques permettent l'échange de données entre les différents éléments grâce à des protocoles de routage.

Architecture d'un réseau informatique en étoile

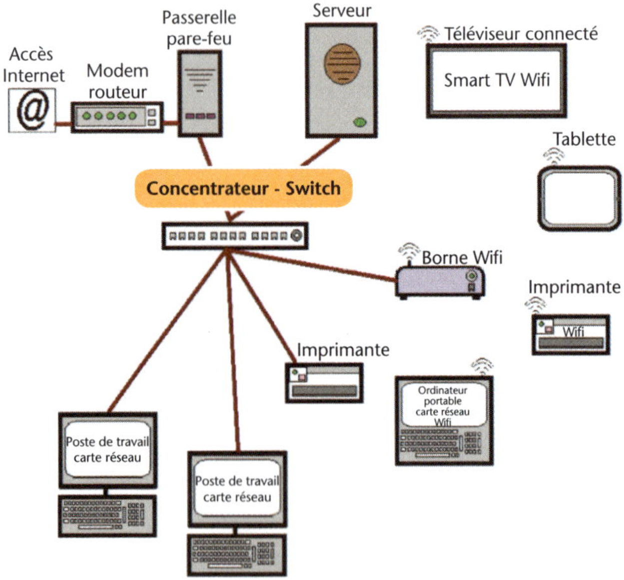

• Dans l'architecture d'un réseau en étoile, chaque composant, grâce à sa carte réseau, est relié par un câble au **switch**.
Le **modem routeur** assure le lien entre le réseau Internet et le réseau local. La **passerelle pare-feu** sécurise les données entrant dans le réseau local. La **borne Wifi** permet la connexion de composants sans fil. Le **serveur** gère les protocoles des différents réseaux et abrite un espace de stockage des données.

• Dans le cas de **réseaux domestiques**, les « box » fournies par les fournisseurs d'accès associent les fonctions de modem, routeur, pare-feu, switch, borne Wifi et parfois serveur.

Imaginer, concevoir et programmer des applications informatiques nomades

FICHE 61

1 Un algorithme

Un algorithme précise l'ordre des opérations que le système doit réaliser pour répondre au cahier des charges.

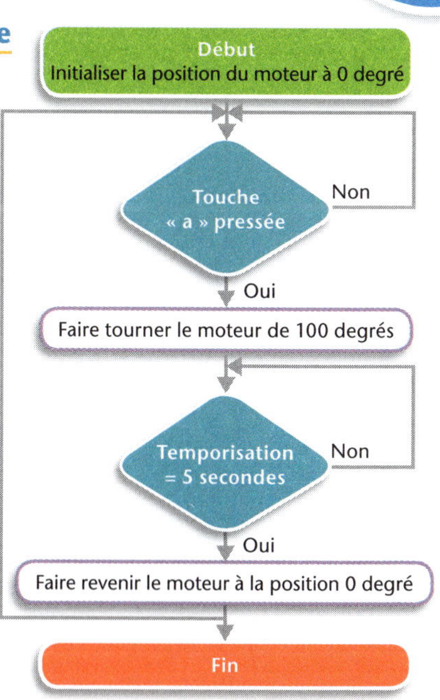

Algorithme sous forme graphique

2 Un programme

Un programme traduit dans un langage de programmation un algorithme. Une interface graphique permet de faciliter la programmation et la lecture du programme.

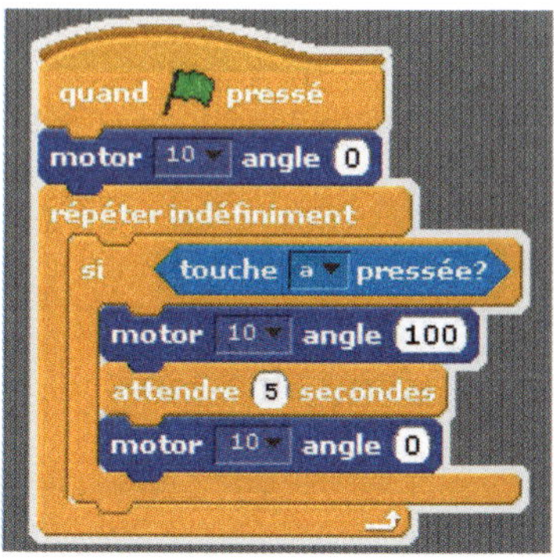

FICHE 62

Enseignement d'informatique : réseaux informatiques et programmation

OBJET CONNECTÉ

Consignes
Évènements
Données informatiques
État du système
Source d'énergie

Acquérir des données
Communiquer des données
Traiter des données : Programme
Chaîne d'information

Commande

Alimenter en énergie
Transmettre l'effet attendu
Convertir l'énergie : Convertisseur
Chaîne d'énergie

Données
AGIR
Actions (s)
Données informatiques

Réseau téléphonie cellulaire 4G
INTERNET
Réseau local
Borne Wifi
Point d'accès à Internet

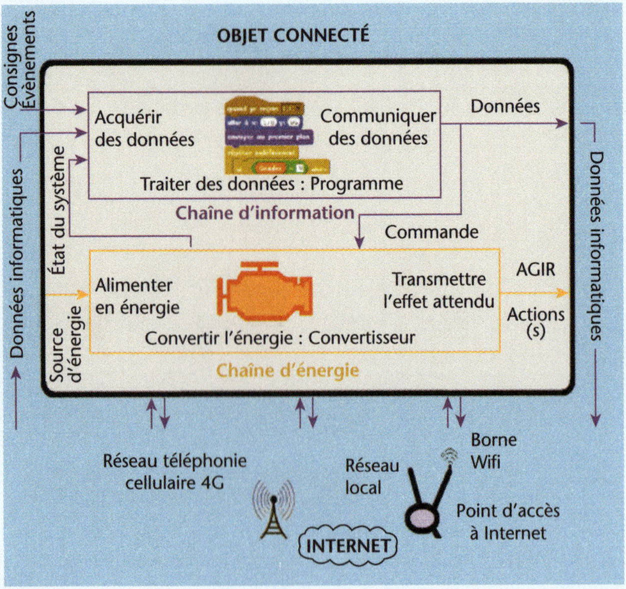

L'objet connecté est piloté par un **programme** élaboré selon un **algorithme** en fonction de consignes, d'évènements extérieurs mais aussi de données informatiques transmises par le réseau.

Sa **chaîne d'information** communique des ordres de commande à la **chaîne d'énergie** ainsi que des données informatiques au réseau.
L'objet connecté agit selon le comportement attendu, grâce à une chaîne d'énergie.

Les **composants du réseau** informatique communiquent avec l'objet, grâce à différents **protocoles** (algorithmes de routage).